Frida Kahlo
en su luz más íntima

Frida Kahlo
en su luz más íntima

Raquel Tibol

Lumen

Frida Kahlo en su luz más íntima

Primera edición, 2005
Primera reimpresión, 2005

© 2005, Raquel Tibol

D. R. 2005, Random House Mondadori, S. A. de C. V.
Av. Homero No. 544, Col. Chapultepec Morales,
Del. Miguel Hidalgo, C. P. 11570, México, D. F.

Fotografía de portada: Fritz Henle, 1943.
© Photo Researchers, Inc., Nueva York

www.randomhousemondadori.com.mx

Comentarios sobre la edición y contenido de este libro a:
literaria@randomhousemondadori.com.mx

ISBN: 968-5958-43-2

Impreso en México/*Printed in Mexico*

PROEMIO

En la corta, insólita y rica vida de Frida Kahlo resaltan como muy importantes los siguientes hechos; nació en la Villa de Coyoacán el 6 de julio de 1907; el 28 de junio de ese mismo año había muerto en Purísima del Rincón, en Guanajuato, el notable retratista Hermenegildo Bustos; la presenta en el Registro Civil su abuela Isabel González viuda de Calderón y le pusieron por nombre Magdalena Carmen Frida; su padre Guillermo Kahlo tenía entonces 36 años de edad y su madre Matilde Calderón 30; sus abuelos paternos, Jacobo Enrique Kahlo y Enriqueta Kaufmann, ya habían muerto, lo mismo que el abuelo materno Antonio Calderón, fotógrafo, igual que su padre. A los once años la poliomielitis la baldó levemente y dejó su piernita derecha un poquito más corta y delgada que la izquierda. Estudió en la Escuela Nacional Preparatoria cuando se desarrollaba la primera etapa del muralismo mexicano. A los dieciocho años padeció un gravísimo accidente del cual salió con la columna vertebral, la pelvis y la matriz afectadas definitivamente. Contrajo matrimonio con Diego Rivera cuando ella tenía 22 y él 42 años de edad. Vivió en el oeste y el este de Estados Unidos desde 1930 a 1933. Conoció a André Breton cuando aún no terminaba la guerra civil en España y todavía no comenzaba la Segunda Guerra Mundial. Su primera exposición individual no fue en México sino en Nueva York. Fue maestra de la Escuela Nacional de Pintura y Escultura de la Secretaría de Educación Pública. En los años de la guerra fría se sumó lo más activamente que pudo al contingente universal de luchadores por la paz.

El poeta Miguel Guardia escribió alguna vez que de Frida Kahlo podía decirse poco: «surrealista y no, inválida y no —Frida caminaba y se divertía como usted o como yo aunque a veces sufriera—, es una de las mujeres características de nuestro arte».

Razón tenía Miguel Guardia al observar en su persona y en su obra una ambivalencia imprecisa. Desacertado estaba al desvalorizarla a causa de esa ambigüedad. Además de una «mujer característica» del arte mexicano, Frida Kahlo es un ser singular en la historia de la cultura. El abordaje de su personalidad no admite una simpleza extrema. También podría decirse de Franz Kafka que fue un «hombre característico» de la literatura europea, aunque quizás sea más provechoso considerar su entrega a una profunda introspección.

En los cuadros de Frida el óleo se mezcla con la sangre de su monólogo interior. Sus problemas, demasiado particulares a pesar suyo, tienen por marco un ambiente como de corte de los milagros que Diego Rivera inventó para soportarse y ayudar a los demás a que se soportaran en toda la dimensión de su vitalidad.

Se ha dicho que Frida Kahlo no le debe nada a Diego Rivera porque nunca pintó como él, nunca pensó como él, nunca habló como él. En una corte de los milagros nadie debe nada a nadie porque ahí se goza el privilegio de la plena identidad. Al evocar el primer encuentro de ambos en la Secretaría de Educación Pública en 1928, Rivera contaba que Frida lo hizo bajar del andamio para consultarle si las pinturas que venía haciendo desde hacía unos dos años tenían la elemental calidad para ser vendibles.

«Soy simplemente una muchacha que necesita trabajar para vivir.»

Esto lo confirmó ella en más de una ocasión. En 1947, a poco de establecido el Instituto Nacional de Bellas Artes, el Departamento de Artes Plásticas, que jefaturaba entonces el pintor Julio Castellanos, presentó la exposición de cuarenta y cinco autorretratos de pintores mexicanos de los siglos XVIII al XX, en la que Frida participó. Para el bello catálogo diseñado por Gabriel Fernández Ledesma, con la sinceridad que la caracterizaba, ella escribió:

> Realmente no sé si mis pinturas son o no son surrealistas, pero sí sé que son la más franca expresión de mí misma, sin tomar jamás en consideración ni juicios ni prejuicios de nadie. He pintado poco, sin el menor deseo de gloria ni ambición, con la convicción de, antes que todo, darme gusto, y después poder ganarme la vida con mi oficio.

Sobreponiéndose a innumerables desventuras físicas, elogiando la vida y burlándose de la muerte que la acechaba, y a la que a veces busca tratando de suicidarse, Frida Kahlo logró prolongar su edad hasta los cuarenta y siete. Que vivió lo más que pudo queda demostrado por la fotografía que le tomaron cuando en silla de ruedas participó en la manifestación efectuada días antes de su muerte (acaecida el 13 de julio de 1954) para protestar por la caída del gobierno democrático de Jacobo Arbenz en Guatemala. Un saco de dolor, consciente de su prematura decrepitud, que sale a expresar su desacuerdo con el imperialismo y sus lacayos, en vez de encerrarse a gemir por su enorme desventura personal.

Como lisiado de guerra iba en silla de ruedas, con la pierna amputada, la columna vertebral rota, las carnes macilentas por prolongados encierros, muchos años de obligada permanencia en la cama y exceso de drogas. Convaleciente de una bronconeumonía y contraviniendo las órdenes del médico, no tuvo ánimo para dejarse adornar su melena con estambres de varios colores o con flores, como era su gusto y su costumbre, y se cubrió los cabellos opacos con un pañuelo arrugado. Su singular coquetería quedo circunscrita a los numerosos anillos que sus dedos ya sin fuerza apenas podían aguantar. Esas manos fuertes de gruesas uñas, que Diego Rivera había pintado en 1928 en un muro de la Secretaría de Educación Pública, distribuyendo armas para la revolución popular. Lo idéntico en el retrato al fresco de la muchacha de 21 años y en la fotografía del reportero de prensa de la mujer que se ha marchitado prematuramente es la mirada. Ojos de fortaleza espiritual y de clara voluntad de lucha.

Frida Kahlo conocía muy bien el valor estético y humano de sus grandes ojos coronados por tupidas cejas que se unían conformando las alas de un pájaro en vuelo. Al pintarlos secos o lloviendo lágrimas, siempre los representaba fijos en el espectador, muy abiertos, desafiantes. El rostro siempre serio, grave. Fue Rivera quien la dibujó sonriente para conmemorar el primer aniversario de su muerte. En un dibujo mexicanista la mostró como solía aparecer ante los demás: sonriente, juguetona, vital, sensible. Ella nunca se representa así, ni siquiera a los 37 años, cuando pintó la miniatura *Diego y Frida* para recordar los quince años de su casamiento con Rivera. Dos mitades de rostro forman una sola cabeza que se sostiene entre ramas como un nido. La mitad de él sonríe, la mitad de ella no. A los 37 años ella ya había atravesado el viacrucis de hospitales norteamericanos y mexicanos y hasta alguno en París.

Frida y Diego se comprendían, se admiraban y chocaban. Eran como dos fuerzas nutridoras e hicieron un pacto de amor en cláusulas tales que nadie sino ellos pudieron concebir y practicar. No tuvieron hijos y quizás por ello en los murales de Rivera aparece con frecuencia el rostro y la figura de Frida como militante, como coqueta prehispánica, como revolucionaria o como recolectora de firmas para la paz; mientras que Diego niño, Diego obsesión, Diego desmenuzado y reestructurado se instala en las telas de Frida, verdaderos mosaicos donde cada corpúsculo de color es como una piedra preciosa engastada certeramente. Su compenetración espiritual fue profunda, compleja, morbosa podría decirse si la midiéramos con los parámetros de la moral en boga, hipócrita y represiva. Seguramente la unión se hizo más intensa en la tremenda sucesión de vivencias políticas de Rivera en las que Frida de una u otra manera se había visto implicada; expulsión de las filas del Partido Comunista Mexicano en el año que se casaron (1929), ruptura con Nelson Rockefeller a causa del rostro de Lenin pintado en el Rockefeller Center (1933), distanciamiento de los trotskistas debido al apoyo a la candidatura a la Presidencia del general Andrew Almazán (1939) y, por fin, el reencuentro en San Francisco en 1940 durante el destierro voluntario al que Rivera se acogió cuando el 24 de mayo de 1940 David Alfaro Siqueiros y un grupo de sus correligionarios asaltaron la casa de Trotsky en México utilizando, entre otros vehículos, una camioneta propiedad de Rivera.

Pasadas las tormentas políticas que habían segregado en cierta forma a Rivera del medio cultural mexicano, Frida y Diego se asentaron en sus respectivos quehaceres con más estabilidad y militaron con auténtico fervor contra del nazismo y en pro de la Unión Soviética durante los años de la Segunda Guerra Mundial, y al término de ésta y durante la guerra fría, en pro de una paz que garantizara la soberanía nacional y la emancipación económica.

Hay que prestar atención al hecho de que Rivera nunca catalogó a Frida entre los surrealistas. Por lo demás, hay pruebas irrefutables para demostrar que Frida se expresó dentro del surrealismo antes de conocer a André Breton y de viajar a París. Lo demuestran casi todos los dibujos y pinturas anteriores a 1938, año en que Breton la acoge en su reino escribiendo el artículo «Frida Kahlo de Rivera», que después de ser publicado en diversas revistas aparece en la edición corregida y aumentada de *Le Surréalisme et la peinture* (Gallimard, París,

1965.) Rivera prefería siempre subrayar su peculiaridad. En mayo de 1953 me habló en Santiago de Chile de su «belleza mutilada» y precisó:

No es la tragedia la que preside la obra de Frida. Esto ha sido muy mal entendido por mucha gente. La tiniebla de su dolor sólo es el fondo aterciopelado para la luz maravillosa de su fuerza biológica, su sensibilidad finísima, su inteligencia esplendente y su fuerza invencible para luchar por vivir y enseñar a sus camaradas, los humanos, cómo se resiste a las fuerzas contrarias y se triunfa de ellas para llegar a la alegría superior, contra la cual nada prevalecerá en el mundo del futuro, donde el valor colectivo de la vida en conjunto, hará surgir el verdadero periodo histórico y realmente humano de nuestra sociedad.

Las vidas de Diego Rivera y Frida Kahlo están plagadas de episodios insólitos. En consecuencia, por aquí y por allá han surgido inspectores de sábanas dispuestos a contabilizar sus aventuras amorosas y sexuales, así como sus historias clínicas. Los padecimientos físicos y psicológicos de Frida Kahlo han pasado a ser leyendas del dominio público en todos los continentes, lo mismo en Alemania que en Japón, en Estados Unidos que en Australia... Esta pareja sin par ha sido llevada al cine, al teatro, a la danza, a la ópera, a libros sensatos y biografías chismosas. El relato turbulento en torno a ellos ha durado mucho más de lo que hubiera podido suponerse y, por lo mismo, se ha contaminado al punto de enturbiar la percepción del principal motivo de sus existencias: la pintura. En todo caso resulta más fructífero rescatar limpiamente su condición de artistas muy relevantes en el panorama cultural del siglo XX, y a la vez captar en profundidad el fenómeno de dos temperamentos creativos fuertes y contrapuestos, cuya conflictiva convivencia los fue diferenciando más y más en su manera de concebir el arte, cada quien con sus formas y con sus contenidos.

Debo advertir que *Frida Kahlo en su luz más íntima* es una versión modificada de *Frida Kahlo: una vida abierta*, libro editado en 1983 por Oasis; en 1993 en inglés por la Universidad de Nuevo México en Albuquerque; en 1998 por el Programa Editorial de la Coordinación de Humanidades de la Universidad Nacional Autónoma de México; en 2002 en italiano por Rizzoli de Milán; y en 2005 por SchirmerGraf de Munich.

APROXIMACIONES

¿Cómo era Frida? Era un reactor de alto potencial que emitía descargas constantes. Conocía la vivencia más profunda de eso que llamamos entusiasmo. Necesitaba la exaltación que se trenza con el amor, la alegría y la verdad. Ornamentaba la verdad, la inventaba, la desmenuzaba, la extraía, la provocaba; pero jamás la tergiversó. Era crédula; creía en la gente, en su palabra, en su historia, en su posibilidad, en sus sueños, en su calidad. Era celosa; celaba sus pasiones, su odio, su singularidad. Hizo de sí misma un motivo de admiración para los demás. Si en eso hubo vanidad, capricho, insolencia, nunca fue necia o soberbia. No conoció la humildad porque no conoció la resignación. Frida es una paradoja definitiva para ejemplificar el poder de la rebeldía ante el destino, del triunfo de una actitud, de la belleza del ser consciente, de la voluntad tendida como flecha contra un destino adverso.

Debido al pequeño defecto físico, secuela de una posible poliomielitis, los chicos de Coyoacán se burlaban de Frida; para sobreponerse al sufrimiento que esas burlas le producían, ella presumía haciendo por calles y jardines verdaderas acrobacias en bicicletas y patines alquilados. Delgada, ágil y algo amuchachada, gustaba de treparse a los árboles y saltar las bardas. Superando inhibiciones, extendió su radio de juegos y de aventuras. Como frecuentemente acompañaba a su padre para ayudarlo a cargar la cámara y asistirlo durante los ataques de epilepsia que él padecía, la Ciudad de México le era familiar. Pero fue el ingreso a la Escuela Nacional Preparatoria en San Ildefonso lo que la ubicó en el viejo barrio estudiantil, barrio que no habría de gozar cuanto ella hubiera querido. Su inteligencia, su vivacidad, su vocación por la medicina, carrera que muy pocas mujeres seguían entonces, le ganó afectos entre los grupos de estudiantes. No pasaba inadvertida, se hacía notar en medio de la ebullición creciente entre los preparatorianos. Alejandro Gómez Arias, con quien trabó íntima relación precozmente, le relató a Víctor Díaz Arciniega (*Memoria personal de un país*, Grijalbo, 1990):

> Llegó a la Preparatoria muy inquieta y muy en contra de todas las reglas familiares. Ante esto, naturalmente, buscó la amistad de los muchachos menos sometidos a la disciplina. Paulatinamente, se fue acercando a nuestro grupo hasta formar parte de Los Cachuchas, del que llegó a ser la figura más interesante.

Además de Gómez Arias y Frida, pertenecieron a Los Cachuchas: José Gómez Robleda, Miguel N. Lira, Ernestina Martín, Agustín Lira, Carmen Jaimes, Alfonso Villa, Jesús Ríos Ibáñez y Valles, Manuel González Ramírez y Enrique Morales Pardavé.

Eran los tiempos en que la reacción comenzaba a movilizar a los estudiantes para utilizarlos como fuerza de choque en contra de los pintores muralistas. Claro que Frida no cerró filas con quienes detractaban la decoración de los viejos patios y del nuevo anfiteatro en San Ildefonso. A ella le gustaba la pintura. Su padre le había enseñado a percibir valores artísticos en decoraciones de iglesias. Desde muy pequeña había aprendido a manejar pinceles y a copiar en dibujos conocidos grabados; aprendió a estampar en el taller del grabador Fernando Fernández, donde luego trabajó a sueldo. El dibujo fue en un principio un complemento cultural como el idioma alemán que estudiaba para dar gusto a su padre. De esos conocimientos rudimentarios partiría cuando pensó en la pintura como un trabajo para ganarse la vida.

Frida inventó un modo de habitar en el que tenían lugar los juguetes; muñecas durmiendo en cajas de laca; muertes pendiendo de los techos, las paredes y los muebles; muertes grandes trajeadas con prendas populares, muertecitas de esqueleto articulado en todos los ángulos de la cama donde Frida protestaba su horrible padecimiento y concertaba una pompa con joyas, bolas de cristal, trajes bordados y tocados detonantes.

Varias fueron las historias médicas que se hicieron de sus padecimientos; hay que conocer cuando menos una. En 1946 la médica alemana Henriette Begun, radicada en México desde 1942, hizo la siguiente historia clínica de Frida Kahlo:

Frida Kahlo: Nacimiento 7 de julio de 1910. (Esta fecha errónea la comenzó a usar Frida desde la adolescencia.) Padres muertos. Padre alemán, madre mexicana.

Padre: Ataques epilépticos desde los diecinueve años de edad; causa aparente trauma producido por caída. Murió a los 74 años por síncope cardíaco. Un año antes de morir algunos médicos diagnosticaron cáncer de vejiga, pero no se confirmó.

Madre: Sana aparentemente. Cinco hijos, uno muerto al nacer. A los 45 años (¿menopausia?) padeció el resto de su vida ataques semejantes a los del padre. Murió a los 59 años en una operación de vesícula. Medio año antes de morir, cáncer de seno.

Abuela materna: Cáncer en un ojo. Murió de vejez, oclusión intestinal.

Abuelo paterno: Murió de tuberculosis pulmonar.

Tío materno: Tuberculosis galopante. Murió a los 23 años.

Otro tío materno: Murió de tuberculosis hepática a los 43 años.

Dos medias hermanas (de padre): Histerectomía total, una por cáncer de matriz, otra por quistes. (Se refiere a María Luisa y Margarita.)

Hermana mayor (Matilde): Histerectomía total por quistes, esterilidad. Lesión cardíaca.

Segunda hermana (Adriana): Ovariectomía por quistes. Insuficiencia ovárica. Tres abortos espontáneos a dos meses y medio dé embarazo.

Tercer hermano: Muerto de neumonía a los pocos días de nacido.

Hermana menor: Dos hijos normales. (*Única de las hermanas que tuvo partos normales.*) A los 29 años de edad se le practicó cistectomía y resección de parte del páncreas (doctor Gustavo Baz).

ANTECEDENTES PERSONALES

1910-1917: (*Se vuelve a mencionar la fecha de nacimiento alterada por la propia Frida.*) Nacimiento normal. Durante este periodo: sarampión, varicela, amigdalitis frecuentes, desarrollo y peso normales.

1918: Golpe en pie derecho con un tronco de árbol; a partir de entonces, atrofia ligera en pierna derecha con ligero acortamiento y pie desviado hacia afuera. Algunos médicos diagnosticaron poliomielitis, otros «tumor blanco». Tratamiento: baños de sol y calcio. Sin embargo la enferma hizo durante este tiempo vida normal, deportes, etc. Mentalidad normal. No sintió nunca dolores ni molestias.

1925: Menarquia. Normal. (*No sería muy normal haber comenzado a menstruar a los dieciocho años.*)

1926: (*El accidente del que se habla a continuación ocurrió en 1925 según se puede comprobar por las cartas enviadas a Alejandro Gómez Arias.*) Accidente que produce: fractura de tercera y cuarta vértebras lumbares, tres fracturas en pelvis, (once) fracturas en pie derecho, luxación de codo izquierdo, herida penetrante del abdomen producida por un tubo de hierro que entro por cadera izquierda saliendo por el sexo, rompiendo labio izquierdo. Peritonitis aguda. Cistitis por canalización por bastantes días. Encamada en la Cruz Roja por tres meses (*fue un mes*), la fractura de columna pasó desapercibida por los médicos hasta que la enferma fue atendida por el doctor Ortiz Tirado, quien ordenó la inmovilización con un corsé de yeso durante nueve meses. A los tres o cuatro meses de llevar el corsé de yeso la enferma sintió de repente «como dormido» todo el lado derecho durante una hora o más, cediendo este fenómeno con inyecciones y masajes, no volviéndose a repetir. Cuando le quitaron el aparato de yeso reanudó su vida «normal», pero a partir de entonces tiene ya la «sensación de cansancio continuo» y a veces dolores en la columna y pierna derecha, que no la dejan nunca.

1929: Matrimonio. Vida sexual normal. Embarazo en el primer año de matrimonio. Aborto provocado por el doctor J. de Jesús Marín (*hermano de Lupe Marín, esposa de Rivera de la cual se separó poco antes de casarse con Frida*), por mala formación pélvica. Análisis de Wasserman y Kahn negativos. Sigue cansancio constante y pérdida de peso.

1931: En San Francisco, California, es reconocida por el doctor Leo Eloesser. Se le practicaron diversos análisis, entre ellos Wasserman y Kahn, resultando éstos ligeramente positivos. Se instauró el tratamiento por Neo durante dos meses sin terminarlo. No se analizó líquido cefalorraquídeo. Se repitieron los análisis de Wasserman y Kahn resultando negativos. En esta época aumenta el dolor en el pie derecho, aumenta considerablemente la atrofia en pierna derecha hasta el muslo, se retraen los tendones de dos dedos del pie derecho, dificultando mucho el caminar normalmente. El doctor Leo Eloesser diagnostica deformación congénita en columna, dejando como secundarias las causas del accidente. Se toman radiografías que acusan escoliosis considerable y aparente fusión de la tercera y la cuarta lumbares con desaparición del menisco intervertebral. Análisis del líquido cefalorraquídeo: negativo. Wasserman y Kahn; negativos. Investigación de Koch: negativo. Sigue como siempre la sensación de cansancio en columna. Aparece una pequeña úlcera trófica en pie derecho.

1932: En Detroit, Michigan, es atendida por el doctor Pratt del Hospital Henry Ford, del segundo embarazo (*cuatro meses*), habiendo tenido un aborto espontáneo a pesar de recurrir al reposo y varios tratamientos. Se repiten los análisis Wasserman y Kahn; negativos: de líquido cefalorraquídeo: negativo. La úlcera trófica continúa a pesar de tratamientos.

1934: Tercer embarazo. A los tres meses, el doctor Zollinger, en México, provoca el aborto. Laparotomía exploradora; ovarios con infantilismo. Apendicectomía. Primera operación de pie derecho: extirpación de cinco falanges. Cicatrización lentísima.

1935: Segunda operación de pie derecho, encontrando varios sesamoideos. Cicatrización igualmente lenta. Dura casi seis meses.

1936: Tercera operación del pie derecho: extirpación de sesamoideos. Además se practica simpatectomía periarterial. Cicatrización igualmente lenta. La úlcera trófica persiste. A partir de entonces: nerviosismo, anorexia y sigue cansancio en columna con alternativas de mejoría.

1938: En Nueva York ve especialistas de huesos, de nervios, de piel y sigue en el mismo estado hasta que ve al doctor David Glusker quien logra cerrar la úlcera trófica con tratamientos eléctricos y otros. Se forman en la planta del pie (*lugares de apoyo*) callos gruesos. Nuevos análisis: negativos Kahn y W.

1939: París, Francia. Colibacilosis renal, con fiebres altas. Continúa cansancio en columna. Por desesperación ingiere grandes cantidades de alcohol (*casi una botella de cognac diaria*). A finales de este año tiene dolores intensísimos en la columna vertebral. Atendida en México por el doctor Farill, la deja en reposo absoluto, con peso de veinte kilogramos para extensión columna. La visitan varios especialistas aisladamente; todos aconsejan operación de Albee; incluso el mismo doctor Albee por carta aconseja lo mismo. Se oponen a esta operación los doctores Federico Marín (*otro de los hermanos de Lupe Marín*) y Eloesser. Aparece afección de hongos en dedos de la mano derecha.

1940: Es trasladada a San Francisco, California. La trata el doctor Eloesser: reposo absoluto, sobrealimentación, prohibición de bebidas alcohólicas, electroterapia, calcioterapia. Segunda punción cefalorraquídea: negativa. Introducción de lipiodol para radiografías. Se restablece un poco y vuelve a hacer vida más o menos normal.

1941: Vuelve a sentirse agotada, con el cansancio continuo en la espalda y dolores violentos en las extremidades. Pérdida de peso, astenia y desarreglo menstrual. Ve al doctor Garbajosa quien instaura tratamiento hormonal, ayudando mucho a regular menstruación, y hace desaparecer la afección de la piel en los dedos de la mano derecha.

1944: Sigue aumentando en estos años de manera definitiva el cansancio, los dolores en columna y pierna derecha. Visitada por el doctor Velasco Zimbrón se le ordena reposo absoluto, corsé de acero, sintiéndose al principio de llevarlo más cómoda, sin que por esto desaparezcan los dolores. Cuando alguna vez se quita el corsé siente la falta de apoyo, como si no pudiera sostenerse a sí misma. Sigue la inapetencia absoluta, con pérdida rápida de peso, seis kilos en seis meses; siente debilidad, mareos y se ve obligada a guardar cama, comprobándose febrícula vespertina (37.5 hasta 37.9). Se consulta a varios médicos. En la junta del doctor Garbajosa con el doctor Gamboa se inclinan a pensar en un proceso fímico. Aconsejan nueva punción raquídea con fines diagnósticos y reposo absoluto con sobrealimentación. Visitada por el doctor Ramírez Moreno, éste se inclina por el diagnóstico de lúes, instaurando un tratamiento de transfusiones de sangre (*ocho de doscientos cc*), baños de sol y sobrealimentación. El estado de la enferma sigue empeorando. Se le aplica bismuto. Su estado general sigue peor. El doctor Garbajosa insiste en proceso fímico. Consultan al doctor Cosío Villegas, quien parece confirmar el diagnóstico del doctor Garbajosa con el cuadro clínico. Tratamiento: reposo absoluto, antígeno metílico, calcio y sobrealimentación. El doctor Zimbrón repite análisis y examen radiográfico, punción lumbar con introducción de lipiodol (*tercera vez*). Inoculación en cuyo, resultado negativo. La visita el doctor Gea González quien opina que coexisten un proceso fímico y uno luético. Pide examen de fondo de ojo para instaurar tratamiento por arsenicales y tratamiento general para el proceso fímico. Nuevas radiografías en el gabinete del doctor Velasco Zimbrón, quien llega a la conclusión que debe hacérsele a la enferma una lamienectomía y un injerto de columna (operación de Albee). El resultado del examen de fondo de ojo fue: hipoplasia papilar. No se opera.

1945: Por primera vez en todos estos años se considera necesario nivelar el zapato del pie derecho (dos centímetros) para regular el acortamiento de la pierna. Se le vuelve a poner corsé de yeso (*doctor Zimbrón*), que no resiste sino unos cuantos días, por dolores intensos en columna y pierna. Las tres veces que se ha hecho la punción cefalorraquídea se inyecta lipiodol, que no se ha eliminado y que provoca una tensión craneana más elevada de la normal, produciendo dolores continuos en la nuca y la columna, generalmente sordos y más fuertes cuando hay excitación nerviosa. Estado general agotado.

1946: El doctor Glusker la visita, aconsejándole vaya a Nueva York a ver al doctor Philip D. Wilson, cirujano especialista en operaciones de columna. Sale en el mes de mayo para Nueva York. Examinada cuidadosamente por el doctor Wilson y por especialistas de nervios, etc., opinan que es urgente y necesaria una fusión espinal, la que se practica por el doctor Wilson en el mes de junio de este año. Se fusionan cuatro vértebras lumbares con la aplicación de un injerto de pelvis y una placa, de quince centímetros de largo, de vitalio, quedándose en cama durante tres meses. La enferma se recupera de la operación. Se le aconseja llevar un corsé de acero especial durante ocho meses y llevar una vida calmada y de reposo. Los tres primeros meses después de la operación se nota franca mejoría. A partir de entonces la enferma no puede seguir las instrucciones del doctor Wilson, no convalenciendo en forma debida, llevando una vida llena de agitación nerviosa y de poco reposo. Se vuelve a sentir con el mismo cansancio de antes, con el dolor en la nuca y columna y con astenia y pérdida de peso. Anemia macrocítica. Aparecen de nuevo los hongos en mano derecha. Estado nervioso pésimo y de gran depresión.

Pese al enorme sufrimiento físico que esta historia clínica revela, Frida Kahlo demostró con su existencia y su obra que las taras sociales son mucho más agobiantes que las taras físicas. Le dio la razón a Carlos Marx, también se la dio a Freud y a Jeremías, y pasó sus cuarenta y siete años cantando cuando tuvo voz, bailando cuando tuvo piernas, gritando cuando tuvo ira, y diez días antes de morir me hizo, sin suponer que sería real, un relato simbólico de su fin.

Hacía quizás un año que Frida no pintaba, cuando en la primavera de 1954, queriendo recuperarse de la tortura impuesta por la amputación que el 11 de agosto de 1953 se le había hecho del tercio medio de la pierna derecha, con el consiguiente descontrol anímico, tomó nuevamente los pinceles y en un trozo de madera se pintó ella misma parada vigilante junto a un horno de ladrillos que parecía un horno crematorio. Su estilo plástico, siempre esplendoroso y sexualizado, se había agrisado en aquel cuadro; no mostraba esa superficie como pulida de sus pinturas más bellas, sino un empaste moldeado con ansias de escultor. Su persona aparecía con la rigidez de una muertecita de papel y carrizo, vestida con rebozo y pantalón de mezclilla. Cierta noche del verano de 1954 me quedé en su casa de Coyoacán acompañándola una vez más, como lo había hecho en otras oportunidades. Al despertar me pidió que le alcanzara el cuadro en proceso. Lo miró somnolienta, aturdida y triste.

«¿No has visto el otro? Es mi cara dentro de un girasol. Me lo encargaron. No me gusta la idea; me parece que estoy ahogándome dentro de la flor.»

Lo busqué y se lo traje. Era apenas un poco más grande que el primero y también estaba empastado con violencia; pero en éste todo giraba, todo era afirmativo, todo emergía atrayendo y emocionando. Irritada por la energía vital que irradiaba de un objeto creado por ella y que ella en sus movimientos ya no poseía, tomó una cuchilla michoacana de filo recto y un refrán grosero grabado en la hoja, y sobreponiéndose a la laxitud producida por las inyecciones nocturnas de demerol, con lágrimas en los ojos y un rictus de sonrisa en sus labios trémulos, se puso a raspar la pintura lentamente, demasiado lentamente. El ruido del acero contra el óleo reseco creció como una queja en la mañana de ese espacio de Coyoacán donde ella había nacido. Raspó anulándose, eliminándose, destruyéndose, como en un ritual de autosacrificio.

Al salir el 14 de julio de 1954 del crematorio del cementerio civil de la Ciudad de México, después de hacer guardia dos horas y media junto al horno donde el cuerpo de Frida quedó convertido en un montoncito de huesos calcinados, mientras los presentes, dirigidos por Concha Michel, entonaban *La Internacional*, canciones revolucionarias y corridos, me contaba David Alfaro Siqueiros, quien había permanecido frente a la boca del horno y vio cómo el fuego fue envolviendo su maravillosa elegancia de tehuana: «Cuando la plancha que sostenía su cuerpo comenzó a entrar, y las llamas encendieron sus cabellos, su rostro apareció como sonriente dentro de un girasol.»

Una casualidad o una premonición muy propia de Frida, que amaba los poemas de Li-Tai-Po e hizo del ojo alerta de la sabiduría su escudo y su señal.

Cuando Frida murió se cumplían veinticinco años de su unión con Diego, veinticinco años de una pasión que conoció el equilibrio entre la conmiseración y la crueldad, entre la honradez y la mistificación. Diego tuvo en su amor el genio suficiente como para alimentar en Frida las ganas de vivir y de ser. Abrevándose en ese sustento Frida creció frondosa y abrazó a Diego tiernamente. Espiritual y alegóricamente Frida nació de Diego. Hija y madre, origen y consecuencia. Del fuego maternal de Frida surgió otro Diego, Amigo Saporrana, sacerdote de humoradas, gracias al cual la vida se reconfortaba y no desfallecía. Ambos sintieron la existencia como un acontecimiento incesante, forzaron ciertos límites, rompieron ciertas normas. Ese anhelo de libertad jamás saciado lo expresó Frida, muy en su estilo, en las páginas del diario que escribió y dibujó en sus largas horas de soledad:

Yo quisiera ser lo que me dé la gana —detrás de la cortina de la locura: arreglaría las flores, todo el día; pintaría el dolor, el amor y la ternura, me reiría a mis anchas de la estupidez de los otros y todos dirían; pobre, está loca. (Sobre todo me reiría de mí.) Construiría mi mundo que mientras viviera estaría —de acuerdo— con todos los mundos. El día o la hora y el minuto que viviera sería mío y de todos. Mi locura no sería un escape del «trabajo» para que me mantuvieran los otros con su labor.

La revolución es la armonía de la forma y el color y todo está y se mueve bajo una ley: la vida. Nadie se aparta de nadie. Nadie lucha por sí mismo. Todo es todo y uno. La angustia y el dolor y el placer y la muerte no son más que un proceso para existir. La lucha revolucionaria en este proceso es la puerta abierta a la inteligencia.

Niño amor. Ciencia exacta. Voluntad de resistir viviendo, alegría sana. Gratitud infinita. Ojos en las manos y tacto en la mirada. Limpieza y ternura frutal. Enorme columna vertebral que es base para toda la estructura humana. Ya veremos, ya aprenderemos. Siempre hay cosas nuevas. Siempre ligadas a las antiguas vivas. Alado, mi Diego, mi amor de miles de años.

Varios factores concurrieron a una especie de madurez precoz en la muchachita de Coyoacán. Su madre, Matilde Calderón y González, cristiana muy devota, no la pudo amamantar pues muy pronto volvió a quedar embarazada. La cuarta y última hija, Cristina, fue sólo once meses menor que Frida, nació el 7 de junio de 1908. En el cuadro *Mi nodriza y yo*, de 1937, Frida se representa con cara de adulta y cuerpo de bebé en brazos de una nana-diosa, con un seno floral en corte anatómico, que es succionado por la criatura, mientras que del otro pezón escurren gotas de leche. Ambas figuras parecen emerger de la superficie del cuadro y ofrendarse al espectador en gesto ritual. El clima místico o mágico se acentúa debido a la máscara teotihuacana que cubre el rostro de la nodriza, ente simbólico de las esencias aborígenes que en la sangre de Frida se mezclaban debido a su abuelo Antonio Calderón, indígena de Michoacán. La máscara de piedra, relacionada con el culto de los muertos, aparece en este cuadro como dádiva de vida. Las pupilas huecas, los labios entreabiertos, la solemne rigidez parecen garantizar la eternidad del ciclo vital.

Este cuadro lo compró el ingeniero Eduardo Morillo Safa, su máximo coleccionista, en noviembre de 1943. Frida le mandó el correspondiente recibo con su hermana Cristina y en carta adjunta le decía:

> Le quiero suplicar que si Diego en alguna ocasión le preguntara en cuánto le di el cuadrito de *Mi nana* no le vaya a decir que le rebajé «mosca» porque se enojaría conmigo, pues en varias veces que lo pude vender no lo hice porque a Diego le gusta rete harto esa pintura mía. Se lo di a usted porque ya viene el cumpleaños de Diego y necesito juntar fierros para darle su cuelga.
>
> Así es que no se vaya a rajar con nadie que se lo di por menos eh. Es un favor que le pido.

La preocupación de Frida por el desarrollo sin fin de la vida ocupará otra vez su fantasía en 1949, cuando pinta *El abrazo de amor entre el Universo, la Tierra (México), yo, Diego y el señor Xólotl*, imagen de una cosmogonía ingenua y esencial por medio de la cual Frida celebró alegóricamente su ambigua relación con Rivera, en cuyo transcurso ella devino hija y madre. Frida se autorretrató intentando brindar al pequeño Diego con cara de adulto y tercer ojo de la sabiduría un abrazo maternal, pero es la nodriza cósmica, grande como una montaña, de cuyos pechos erosionados crecen árboles, quien en verdad lo sostiene. El rostro hierático de la nana-tierra no está enmascarado. La máscara de la eternidad la tiene el Universo, con sol obscuro y luna clara que cruzan sus luces sobre los enormes brazos simbólicos del día y la noche. Este múltiple abrazo no se da como algo dichoso, sino como una determinación dolorosa significada por el pequeño animal que, según los mitos antiguos, ha de conducir a los humanos al espacio de la muerte, donde Frida seguirá naciendo espiritualmente de Diego, mientras que del fuego maternal de Frida surgirá otro Diego.

El dolor puede descifrarse a través de un cielo tormentoso, en planos cargados de tristes presagios, planos-signo que representó en cuadros como *Las dos Fridas* (1939), el autorretrato con la «imagen del espejo» de 1937, *Raíces* (1943), el autorretrato con traje de hombre y pelo a la garzón de 1940 (*Cortándome el pelo con unas tijeritas*), que lleva partitura musical y estos versos: «Mira que si te quise fue por el pelo; ahora que estás pelona ya no te quiero». Planos de tristeza inconsolable, desolación y aridez se perciben asimismo en *Árbol de la esperanza mantente firme* (1946), *A mí no me queda ya ni la menor esperanza... todo se mueve al compás de lo que encierra la panza* (1945) o *La columna rota* (1944).

Orgullosa fue su reacción ante la adversidad. Coqueta y extremadamente sentimental, si las circunstancias le impedían explotar sus encantos femeninos, retaría a la suerte vistiéndose de hombre para reafirmar su fortaleza y para esconder defectos físicos y aparatos ortopédicos. Curioso resulta reconocerla con atuendos masculinos, bastoncito chaplinesco y cabellos cortitos y engominados, en fotografías que le tomó su padre junto a sus hermanas, amigas y parientes entre 1926 y

1927. El atuendo masculino fue para Frida como un estandarte de autodeterminación. Al adoptarlo pensó quizás en George Sand o en Rodolfo Valentino. Se antoja suponer que combinó la actitud de ruptura de la baronesa «liberada» con el galán a quien los afeites cinematográficos conferían cualidades andróginas.

El proceso de asumir su nueva condición corporal debe haber coincidido con cierta radicalización en sus ideas sobre la sociedad mexicana, pues ya en 1928 Diego Rivera la representa en papel protagónico en el tablero titulado *El arsenal*, pintura donde el muralista dijo en imágenes que no basta con criticar las lacras de la burguesía dependiente, corrupta y explotadora; hay que tomar y repartir las armas para la revolución popular. *El arsenal* forma parte de la sección *Así será la revolución proletaria* y es el último tablero del *Corrido de la Revolución* en el tercer piso de la Secretaría de Educación Pública. Rivera puso a Frida repartiendo rifles y bayonetas. A su izquierda está Tina Modotti en actitud de entregarle al joven líder cubano Julio Antonio Mella una canana cargada de cartuchos. A su derecha asoma Siqueiros expectante, con estrella de cinco puntas en el sombrero texano. Obreros, campesinos, intelectuales y pioneros comparten una misma voluntad de lucha. La presencia de los niños dentro del pueblo en armas se daba entonces y se ha seguido dando hasta el presente. En México existían en los años veinte la agrupación de los Pioneros Rojos y la Federación Juvenil Comunista. A ésta, se dice sin que hasta el momento se haya encontrado documento probatorio, se afilió Frida. Cuando Rivera pintó *El arsenal* las figuras femeninas visibles de la izquierda eran, entre otras, Graciela Amador, Belem de Sárraga, Luz Ardizana, Concha Michel, María Vendrell, María Velázquez, Tina Modotti, y hasta podemos nombrar a Olivia Saldívar y Susana González, detenidas el 20 de junio de 1926, junto con Mella y otros activistas de la Liga Internacional Pro-Luchadores Perseguidos, al salir de un acto de solidaridad en pro de Sacco y Vanzetti, los obreros italianos que en Estados Unidos estaban injustamente condenados a muerte. Muy activa en las campañas contra el fascismo. Tina Modotti era secretaria del Patronato Italiano México-California del Comité de Defensa de las Víctimas del Fascismo, así como del grupo de Emigrados Políticos en México, adherido al Socorro Rojo Internacional. El hecho de haberla elegido a ella y a una Frida que no era visible en las organizaciones de izquierda, para destacar el papel protagónico de las mujeres en la revolución proletaria, se prestó a confusiones. Rivera las usó como modelos, retrató sus físicos, mas no su concreta función en las luchas de aquel momento. Con las figuras femeninas en *El arsenal* Rivera dio imagen a lo expresado por Lenin en noviembre de 1918 en el Primer Congreso de las Obreras de Rusia: «No puede haber revolución socialista si una inmensa parte de las mujeres trabajadoras no interviene en ella».

Por el contrario, cuando en 1952 Rivera representó a Frida en silla de ruedas en medio de la calle, recogiendo firmas contra los belicistas, en *Pesadilla de guerra, sueño de paz*, no hizo más que prever algo que acontecería en efecto dos años después, el 2 de julio de 1954, cuando en su silla de ruedas marchó Frida junto a diez mil personas para protestar, al grito de

«¡Gringos asesinos, fuera de Guatemala!», por la caída de un gobierno democrático instrumentada por Estados Unidos.

Cuando Frida Kahlo abordó a Rivera en 1928 para que él ponderara sus adelantos en la pintura y le diagnosticara la posibilidad de ganarse la vida en ese oficio, lejos estaba todavía ella de entregarse a la profunda introspección que la llevaría a producir en imágenes un inigualable monólogo interior. Con 21 años de edad, inteligente, vivaz, con desplantes de mujer liberada, más una cultura artística y literaria infrecuente en las mujeres mexicanas de su edad, quizás al verla le hizo recordar a Rivera (con 41 años intensamente vividos) a las muchachas que habían participado, en Moscú, en las celebraciones del Décimo Aniversario de la Revolución de Octubre, a las que había asistido en 1927 invitado por Lunacharsky, su amigo de París y ahora Comisario del Pueblo para la Educación en la República Soviética. De regreso el 14 de junio de 1928, quería concluir los murales de la Secretaría de Educación y reforzar su militancia política antiimperialista. El encuentro se produjo después de esa fecha, cuando Frida ya había practicado, además del estilo sintético predicado por Adolfo Best Maugard, un simbolismo decorativista de figuras lánguidas y arabescos (*Autorretrato con traje de terciopelo*, 1926, *Retrato de Alicia Galant*, 1927), cercano a un art nouveau que Rivera detestaba por considerarlo apropiado «para adoración de las viejas histéricas que confunden la pintura con las aspiraciones imposibles de la angustia uterina junto a la admiración e indigestión de la cábala y el signismo». (Escrito para la revista *Azulejos*, diciembre de 1923.)

Pero Frida había intentado también, lejos del *Jugendstil*, un simbolismo más criollo, con préstamos en primer lugar del estridentismo, y también del arte popular mexicano y de episodios históricos nacionales (*Pancho Villa y la Adelita* y *Si Adelita... o Los Cachuchas*, ambos de 1927.)

Al entrar en la vida de Rivera, Frida se vio involucrada en una intensa actividad política, pues desde junio de 1928 él dirigía la revista *El Libertador*, órgano oficial del Comité ¡Manos fuera de Nicaragua!, y en enero de 1929 fue elegido presidente del Bloque Obrero y Campesino. El manifiesto que firmó Rivera, junto con los miembros del comité ejecutivo del BOyC, desarrollaba como documento político similares argumentos a los del *Corrido de la Revolución*. Por identificarse con esas posiciones, Frida marcha junto a Rivera en manifestaciones y asistió a los mítines en la campaña de Pedro V. Rodríguez Triana para la presidencia de la República.

Rivera se había unido a fines de 1928 al grupo que consideraba la Escuela Nacional de Bellas Artes como un foco de infección contrarrevolucionaria y proponía la creación de la Escuela Central de Artes y Ciencias de las Artes. En 1929, al tiempo que avanzaba en la decoración de la escalera principal de Palacio Nacional, fue nombrado director de la que él denominó Escuela Central de Artes Plásticas de la Universidad Nacional, para la que presentó un nuevo plan de estudios, el cual disgustó a los conservadores estudiantes de la sección de arquitectura. La oposición a Rivera se incrementó entre los alumnos de pintura, escultura y grabado sensibilizados por la expulsión de Rivera del Partido Comunista Mexicano, ocurrida en julio de 1929, cuando la Internacional Comunista, en su sexto congreso, consideró a los demócratas revolucionarios de la pequeña burguesía como los más peligrosos enemigos del movimiento obrero y campesino, acusación que encontró sustento al aceptar Rivera el auspicio de Dwight W. Morrow, embajador de Estados Unidos en México, para pintar un mural en el Palacio de Cortés en Cuernavaca.

Diego y Frida se casaron el 22 de agosto de 1929, en pleno escándalo. Las acusaciones en contra de él arreciaron de tal manera por parte de estudiantes y autoridades universitarias que en mayo de 1930 Rivera presentó su renuncia como director. El sectarismo debilitó a la izquierda, que fue reprimida y perseguida, como fueron reprimidos y perseguidos los jóvenes intelectuales que habían participado en la campaña para presidente de José Vasconcelos. Tina Modotti fue expulsada del país y Rivera pasó a engrosar la fila de los renegados. El desprecio y el hielo decretado a Rivera alcanzó a Frida. Tras su matrimonio muchas cosas cambiaron para ella, incluida su manera de vestir. Rivera admiraba la señorial vestimenta de las tehuanas, y se puede suponer que con afecto juguetón, no exento de picardía, convenció a Frida para que luciera prendas de mestiza o de indígena. Difícil resultó a partir de entonces imaginar a Frida sin sus vestidos mexicanos. El de tehuana supo lucirlo con la más soberana elegancia, mas en el lenguaje del vestido y a nivel de relaciones de pareja, su aparente tipismo fue considerado por ella como una concesión a Rivera, una especie de lazo de unión, tanto así que fue en periodo de distanciamiento, formalizado por un divorcio, cuando se pinta en 1940 vestida de hombre, peinada a la garzón y rodeada de todo el cabello que una tijera sadomasoquista había dispersado con furia.

Otro cambio después del matrimonio fue la forma de pintar de Frida. Para 1929 Rivera era una celebridad mundial por sus aportaciones postvanguardistas al nuevo realismo mexicano. Al observar los trabajos incipientes que Frida fue a mostrarle en 1928 él le dijo: «Su voluntad tiene que llevarla a su propia expresión».

«Entonces —recordaba ella— comencé a pintar cosas que le gustaron.» Seguramente se refería a cuadros realizados en 1929 como *Dos mujeres*, *Retrato de niña con collar*, *Niña Virginia*, *Retrato de niña con vestido de puntos*, *Autorretrato «El tiempo vuela»*, *India desnuda*, *El camión*. Este último fue un original esfuerzo por ejercitarse en el arte de contenido social. En el largo asiento lateral de *El camión* se ve una madre de clase media, un obrero, una campesina, un empleado y una muchacha que pudo ser ella misma: una joven burguesa de cortos recursos económicos, todos ellos viajan teniendo como fondo una ciudad que se iba industrializando en medio de extensiones rurales; las consecuencias de tal contraste incidirán en la vida de otro viajero; un niño que arrodillado en la banca mira por la ventanilla. Trasfondos industriales volverían a ser representados en toda su compleja significación en otras obras, dos de 1932: *La cama volando* (llamado habitualmente *Henry Ford Hospital*) y *Autorretrato en la frontera entre México y los Estados Unidos*, más uno de 1933: *Nueva York* o *Mi vestido cuelga ahí*. Pero Frida precisó: «Durante muy poco tiempo me adherí a su pintura. Después me esforcé porque estuviera bien hecha».

Para escapar del mucho ruido negativo Rivera tramitó el traslado de ambos a Estados Unidos; había que probar nuevos caminos y para ello concretó una añeja invitación para pintar un mural en San Francisco. Antes de la salida, Diego trabajó varias litografías, entre ellas *el Desnudo de Frida*, figura algo andrógina y poco sensual que contrastó con el *Desnudo de Lola Olmedo*, también de 1930, pleno de gracia sexual. Quizás voluntariamente se dio una impresión superpuesta del *Desnudo de Frida* con un *Autorretrato* de Rivera. Esta casualidad puede apreciarse como una premonición de que el lazo complejo y mórbido entre ellos sería indisoluble.

Llegaron a San Francisco en noviembre de 1930. Se instalaron en el estudio del escultor Ralph Stackpole. A la vez que pintaba murales en el Luncheon Club de la Stock Exchange Tower y en la California School of Fine Arts (luego sede del San Francisco Art Institute), Rivera presentó exposiciones individuales en San Francisco, Los Angeles, Carmel y San Diego. Lejos de su querido barrio de Coyoacán, lejos de sus viejos amigos y amigas de la infancia y la adolescencia, sin asumir todavía un papel preciso en el nuevo círculo social constituido por empresarios, artistas, políticos, diplomáticos, Frida se sentía destemplada, como se aprecia en la carta que le escribió a Isabel Campos el 3 de mayo de 1931:

no pude contestarte porque no estaba en San Francisco sino más al sur y tenía una bola de cosas que hacer (ayudarle a Diego en sus exposiciones).

Sólo pude vender algunos cuadros. Pero de todas maneras me sirvió de mucho venir pues se me abrieron los ojos.

En verdad se le abrieron los ojos, la imaginación y la voluntad que la llevó a expresiones pictóricas propias e inconfundibles. Ya en el doble retrato de ella y Diego, hecho en abril de 1931, se permite hacer burla de sí misma al representarse algo más pequeña de lo que era, con piececitos de muñeca china, totalmente dependiente en su fragilidad.

Fue entonces cuando inició una amistad muy profunda y perdurable con el médico Leo Eloesser (1871-1976), a quien habría de consultar en muchas ocasiones como confesor que fue de todas sus confianzas. Antes de un corto regreso a México en 1931 para que Rivera avanzara en sus murales de la escalera de Palacio Nacional, Frida pintó el retrato del médico en casa de éste, situada en la calle Leavenworth. Como el círculo de sus relaciones en San Francisco era estrecho, tomó como modelos a las esposas de dos de los ayudantes de Rivera; lady Cristina Hastings, pareja del pintor y lord inglés John Hastings, y Jean Wight, mujer del escultor inglés Clifford Wight. Como una reafirmación de su precoz interés por la biología pintó el retrato alegórico del horticultor californiano, sabio renovador en la hibridación de plantas, Luther Burbank (1849-1926), representado al mismo tiempo por Rivera en el mural del Stock Exchange. En ese retrato Frida estableció claves que repetiría después: un cielo con nubes cargadas, escalas arbitrarias en el tamaño de las cosas, hojas gigantescas para denotar la feracidad de la vida.

Como el Museo de Arte Moderno de Nueva York invitó a Rivera a realizar en diciembre de 1931 una gran individual, en noviembre se trasladaron a esa ciudad, donde Frida pintó el retrato de Eva Frederick, dibujó a la manera riveriana un desnudo de la misma dama negra, y aunque pensó tener ahí su primera exhibición personal, el proyecto no llegó a realizarse. En la carta de mayo de 1931 a Isabel Campos le había dicho: «Para septiembre haré una exposición (la primera) en Nueva York. Aquí no me alcanzó el tiempo».

Tampoco en Nueva York le alcanzó el tiempo porque en abril de 1932 tomaron el tren hacia Detroit; Rivera había sido llamado por Edsel Ford y la junta de gobierno para desarrollar en el Instituto de Arte de esa ciudad la historia de la industria, la industria automotriz principalmente. Mientras Rivera se concentró con verdadera euforia en la producción de los 27 paneles que decorarían las cuatro paredes de un patio interior del Institute of Art, Frida vivió una cadena de desgracias. El 4 de julio padeció un aborto espontáneo que ella había tratado de provocar dos meses antes con quinina y purgantes. Abundante fue la hemorragia que la obligó a permanecer dos semanas en el Hospital Henry Ford.

Mientras convalecía dibujó su cabeza con el cabello recogido en una redecilla. El 9 de julio se dibujó desnuda y dormida, soñando con Diego y con partes orgánicas que echan raíces. Ante un fondo de altos edificios el cielo gotea lágrimas. Por el carácter onírico, por la fragmentación anatómica, por la acumulación de incongruencias, este dibujo puede considerarse como la primera creación surrealista de Frida Kahlo, seguida el 10 de julio por el esbozo de *La cama volando*, testimonio desgarradoramente metafórico de su aborto. De su cuerpo desnudo, yacente en un charco de sangre abortiva, se desprenden seis cintas que vuelan hacia arriba y hacia abajo para amarrar otros tantos objetos que flotan en el espacio: un maniquí para estudios anatómicos en el que representó las entrañas femeninas con algunos espermas en el momento de la concepción, un feto masculino, un caracol para significar algo blando que se esconde, un torno mecánico como instrumento industrial de tortura, una orquídea como analogía de sexo y sensualidad, una pelvis sin fractura. Pero la cama no está en el hospital sino en un ambiente indefinido, impreciso, que tiene como telón de fondo la zona fabril de Detroit. Desde su propio drama planteaba la confrontación entre tecnología y naturaleza, entre desarrollo industrial y determinación biológica. La confrontación se aprecia también en *Autorretrato de pie en la frontera entre México y Estados Unidos*; en su conflicto de identidad intervienen con su monumental presencia, las antiguas culturas mesoamericanas. Firmó esta obra como Carmen Rivera.

Después de la hospitalización trabajó con gran empeño una litografía con el mismo tema de la maternidad frustrada. Por el proceso de impresión la imagen resultó invertida; es el lado derecho de su cuerpo el que está cubierto por la sombra de la úlcera trófica en el pie y otras afecciones invalidantes; de su sexo escurren gotas de sangre que alimentan órganos vitales convertidos en plantas. El brazo que emerge sostiene una paleta-corazón para dar a entender la vitalidad que obtendrá de la pintura tras los amargos desfallecimientos. Frida presintió que en el Henry Ford Hospital de Detroit había nacido una artista con una determinación diferente.

FRIDA POR FRIDA

Se ha dicho repetidamente, y con razón, que los cuadros de Frida son un testimonio valiente y valioso de su propia existencia. ¿Qué existencia es esa que ha provocado un arte tan conmovedor, hiriente, erizado, austero, trágico, amoroso, desgarrante y también dichoso en sus diversas expresiones?

Conocí a Frida una tarde del mes de mayo de 1953, y por algunos días, breves e intensos, habité su universo significado por la sinceridad. Era tiempo de extremo sufrimiento para esa mujer de extraña belleza. El sufrimiento habitaba en ella golosamente. Los padecimientos estallaban como secuencias de un empecinado y caprichoso juego de prestidigitación. En medio de su dolor, con ánimo sereno, me relató fragmentos de su vida, historia desconcertante y más fácil de comprender si se aprecia en el sentido de propia identificación, de un querer ser no siempre compaginado con la realidad.

Nací en Coyoacán, en la esquina de Londres con Allende. Mis padres compraron un terreno que era parte de la hacienda de El Carmen y allí edificaron su casa. Mi madre,

Matilde Calderón y González, era la mayor de doce hijos que tuvieron mi abuela gachupina Isabel, hija de un general español, y mi abuelo Antonio, un indígena de Morelia, Michoacán. Mi abuela y su hermana Cristina se educaron en el convento de las Vizcaínas. Ahí fueron recogidas a la muerte del general. De ahí salió Isabel para casarse con Antonio Calderón, fotógrafo profesional que hizo daguerrotipos.

Mi madre era amiga de las comadres, de los niños y de las viejas que llegaban a la casa a rezar los rosarios. Durante la Decena Trágica mi madre abrió los balcones por las calles de Allende y acogió a los zapatistas. Atendió a los heridos y a los hambrientos les dio gorditas de maíz, único alimento que por esos días se podía conseguir en Coyoacán. Yo tenía siete años cuando la Decena Trágica y presencié con mis ojos la lucha campesina de Zapata contra los carrancistas. La emoción clara, precisa que guardo de la Revolución Mexicana fue la base para que a los trece años de edad ingresara en la juventud comunista. En 1914 nomás chirriaban las balas. Oigo todavía su extraordinario sonido. Se hacía propaganda en el tianguis de Coyoacán a favor de Zapata con corridos ilustrados con grabados de José Guadalupe Posada. El tianguis se ponía los viernes y los corridos costaban un centavo. Cristi y yo los cantábamos encerradas en un gran ropero que olía a nogal, mientras que mi padre y mi madre velaban por nosotras. Recuerdo a un herido carrancista corriendo hacia su puesto junto al río de Coyoacán, y a un zapatista en cuclillas, herido de bala en una pierna, poniéndose los huaraches.

Recuerdo que a mi madre nunca le faltó nada: en su cómoda siempre había cinco pesos de plata. Era una mujer bajita, de ojos muy bonitos, muy fina de boca, morena. Era como una campanita de Oaxaca. Había nacido en la Ciudad de México. Cuando iba al mercado ceñía con gracia su cinturón y cargaba coquetamente su canasta. Muy simpática, activa, inteligente. No sabía leer ni escribir, sólo sabía contar el dinero. Murió joven, a los cincuenta y nueve.

Mi padre, Guillermo Kahlo, era muy interesante, de bastante elegancia al moverse, al caminar. Tranquilo, laborioso, valiente, de pocos amigos. Recuerdo dos amigos: uno era un viejo largote que siempre dejaba su sombrero en el techo de los roperos. Mi padre y el viejo se pasaban las horas jugando al ajedrez y tomando café. Hijo de húngaros, mi padre nació en 1872 en Baden, Alemania. (En verdad fue hijo de alemanes y nació en Pforzheim el 26 de octubre de 1871 y fue bautizado según el rito *luterano*.) Estudió en Nuremberg. Su madre murió cuando él tenía dieciocho años. No quiso a la madrastra, por eso mi abuelo, que era joyero, le dio el dinero suficiente para venir a América. Llega a México en 1891. Padecía frecuentes ataques epilépticos. A los veintitrés años se casó. De su primer matrimonio tuvo dos hijas: María Luisa y Margarita. Su primera mujer murió al dar a luz a Margarita. La noche en que murió su esposa mi padre llamó a mi abuela Isabel, que llegó con mi madre. Ella y mi padre trabajaban en la misma tienda, se tenían confianza. El estaba enamorado de ella y más tarde se casaron. María Luisa tenía siete años y Margarita tres cuando las internaron en el convento de Tacuba, Margarita iba a ser monja. A María Luisa la casaron las religiosas por correspondencia con un hombre de Jalisco. María Luisa ha sido siempre una muchacha muy trabajadora; nunca ha pedido un diez. Vive en un cuarto por el que paga cuarenta y cinco pesos de renta mensual. No se raja ni es mentirosa; igualita en el modo de ser a mi padre.

Quienes conocieron a Guillermo Kahlo coinciden con Frida en describirlo como un hombre bondadoso, de modales finos, muy trabajador. En agosto de 1976 el Instituto Mexicano Norteamericano presentó la exposición *Homenaje a Guillermo Kahlo, primer fotógrafo oficial del patrimonio cultural de México*. Para el catálogo Francisco Monterde hizo una descripción coincidente con la de Frida:

Conocí a don Guillermo poco después de haber entrado en México el Ejército Constitucionalista. Por entonces me inicié en el periodismo, bajo la afable dirección de Mariano Urdanivia. Entre 1915 y 1917 fui secretario de redacción de la revista *México* y jefe de redacción de la revista *Tricolor*. En una y otra debía llenar la mayor parte de sus páginas con reproducciones de fotografías de paisajes, edificios y retratos de personajes nuestros, elegidas entre las mejores. Acudía por eso con frecuencia a don Guillermo, y su excelente archivo y su bondad inalterable me salvaban siempre. Lo recuerdo —sobrio, entrecano, de comedidas actitudes—: tenía la rara virtud de saber escuchar, comprender lo que de él se solicitaba, y servir eficazmente al proporcionar sus fotografías ejecutadas con arte.

Frida recordaba:

> Mi abuelo Calderón era fotógrafo; por eso mi madre convenció a mi padre para que se hiciese fotógrafo. El suegro le presto una cámara y lo primero que hicieron fue salir de gira por la República. Lograron una colección de fotos de arquitectura indígena y colonial y regresaron, instalando el primer despacho en la avenida 16 de Septiembre, ¡que es mucho decir! Desde entonces y para siempre hubo en mi casa un pasar con dificultades.

Para la misma exposición de homenaje a Guillermo Kahlo el Instituto Nacional de Antropología e Historia aportó los datos siguientes:

> Era entonces el año de 1904. José Ivés Limantour, ministro de Hacienda en el gobierno del general Porfirio Díaz, recibía en su despacho a un señor delgado de 32 años, grandes ojos claros y mirada vivaz. Su nombre Guillermo Kahlo. Su profesión: fotógrafo. Se pensaba ya, con seis años de anticipación, en los programas para celebrar el primer centenario de la Independencia de México y entre ellos estaba el renglón de publicaciones que planeaban de lujo y gran formato. El ministro Limantour había escogido al señor Kahlo como proveedor de las necesarias ilustraciones y lo contrató para que viajara por el país fotografiando los edificios y monumentos coloniales y de importancia histórica, lo mismo que las obras y construcciones realizadas durante el tiempo transcurrido del porfiriato. El señor Kahlo se convirtió así en el primer fotógrafo oficial del patrimonio cultural de México.

Impresionado desde el primer momento por la abundante riqueza artística y arquitectónica de los templos, edificios y monumentos mexicanos, Kahlo se dedicó más a ellos que a la fotografía meramente comercial. Esta especialidad, por ningún fotógrafo entonces adquirida en México, lo condujo hasta el despacho del ministro Limantour y, desde 1904 a 1908, se empeño en la misión de recorrer el país y disparar el obturador de su cámara ante exteriores e interiores de templos y monumentos y de imprimir daguerrotipos. Él mismo preparaba sus placas de vidrio con sus capas sensibles, lo cual, con alguna frecuencia, es evidente en ciertos defectos de sus fotografías. Sin embargo, había llegado a dominar tan bien su equipo y técnica —a lo que añadía desarrollado sentido artístico— que lograba captar con nitidez hasta los menores detalles, los juegos de luces y sombras y aún más la atmósfera misma de los recintos y de los objetos.

Imprimió más de novecientas placas que entregó a Limantour y una parte se empleó en ilustrar varios de los libros editados para conmemorar el Centenario de la Independencia; permanecieron en el ministerio porfiriano y, más tarde, en la Secretaría de Hacienda y Crédito Público, consignadas a la dirección de Bienes Nacionales. En 1946 ésta se convirtió en secretaría de Estado cuyo titular, algún tiempo después, juzgó que los daguerrotipos de Kahlo debían estar en la custodia del Instituto de Antropología e Historia, donde actualmente se hallan.

En relación con sus padres Frida señalaba: «Yo me parezco físicamente a los dos. Tengo los ojos de mi padre y el cuerpo de mi madre».

Muchas fueron las afinidades temperamentales entre Frida y su padre; fue él quien sin proponérselo le inculcó uno de los atributos que habrían de ser sostén de su trágica condición: la capacidad de sobreponerse al dolor físico adhiriéndose a la vida no con lamentaciones sino con hechos y productos.

Mi madre no me pudo amamantar porque a los once meses de nacer yo nació mi hermana Cristina. Me alimentó una nana a quien lavaban los pechos cada vez que yo iba a succionarlos. En uno de mis cuadros estoy yo, con cara de mujer grande y cuerpo de niñita, en brazos de mi nana, mientras de sus pezones la leche cae como del cielo.

Entre los tres y los cuatro años a Cristi y a mí nos mandaban al colegio de parvulitos. La maestra era del tiempo antiguo, con pelos artificiales y trajes rarísimos. Mi primer recuerdo se refiere justamente a esta maestra; estaba ella parada al frente del salón todo oscuro, sosteniendo en una mano una vela y en la otra una naranja, explicando cómo era el universo, el sol, la tierra y la luna. Me oriné de la impresión. Me quitaron los calzones mojados y me pusieron los de una niña que vivía enfrente de mi casa. A causa de eso le cobré tal odio que un día la traje cerca de mi casa y comencé a ahorcarla. Ya estaba con la lengua de fuera cuando pasó un panadero y la sacó de mis manos.

Después participé en la cosa religiosa. A los seis años me dieron la Primera Comunión. Para eso, durante un año, nos hacían asistir a Cristi y a mí a la doctrina; pero nos escapábamos y nos íbamos a comer tejocotes, membrillos y capulines a un huerto cercano.

Con la constante alteración de fechas que Frida hacía puede suponerse que tal ceremonia tuvo lugar cuando ella contaba con nueve años. De todas formas el contraste entre el padre liberal y la madre fanáticamente cristiana fue otro de los alimentos de su precocidad.

Cierto día estaba mi media hermana María Luisa sentada en la bacinica cuando la empujé y cayó hacia atrás con vasija y todo. Furiosa me dijo: «Tú no eres hija de tu mamá y tu papá, A ti te recogieron en un basurero». Aquella afirmación me impresionó al punto de convertirme en una criatura completamente introvertida. Desde entonces viví aventuras con una amiga imaginaria. La iba a buscar a una tienda cuyas vitrinas tenían escrito con grandes letras sobre los cristales la palabra PINZÓN. En la ventana del que entonces era mi cuarto y que daba a la calle Allende, sobre uno de los primeros cristales de la ventana echaba vaho, con un dedo dibujaba una puerta. Por esa puerta salía en la imaginación con una gran alegría y urgencia. Atravesaba por el llano que se miraba hasta llegar a la tienda y lechería que se llamaba PINZÓN. Por la «O» de PINZÓN entraba y bajaba intempestivamente al interior de la tierra, donde mi amiga imaginaria me esperaba siempre. No recuerdo su imagen ni su color. Pero sí sé que era alegre, que se reía mucho, sin sonidos. Era hábil y bailaba como si no tuviera peso alguno. Yo la seguía en todos sus movimientos y le contaba, mientras ella bailaba, mis problemas secretos. ¿Cuáles? No recuerdo. Pero ella sabía por mi voz todas mis cosas. Cuando yo regresaba a la ventana entraba por la misma puerta dibujada en el cristal. ¿Por cuánto tiempo había estado con ella? No sé. Pudo ser un segundo o miles de años. Yo era feliz. Desdibujaba la puerta con la mano y desaparecía. Corría con mi secreto y mi alegría hasta el último rincón del patio de mi casa y siempre en el mismo, debajo de un árbol de cedrón, gritaba y reía asombrada de estar sola con mi felicidad y el recuerdo tan vívido de la niña.

A los seis años tuve poliomielitis. Desde entonces recuerdo todo claramente. Pasé nueve meses en cama. Todo comenzó con un dolor terrible en la pierna derecha, desde el muslo hacia abajo. Me lavaban la piernita en una tinita con agua de nogal y pañitos calientes. La patita quedo muy delgada. A los siete años usaba botitas. Al principio supuse que las burlas no me harían mella, pero después sí me la hicieron, y cada vez más intensamente.

A los siete ayudé a mi hermana Matilde, que tenía quince, a que se escapara a Veracruz con su novio. Le abrí el balcón y luego cerré como si nada hubiera pasado. Matita era la preferida de mi madre y su fuga la puso histérica. ¿Por qué no se iba a largar Matita? Mi madre estaba histérica por insatisfacción. A mí me resultaba ocioso ver como sacaba los ratones del sótano y los ahogaba en un barril. Hasta que no estaban completamente ahogados no los dejaba. Aquello me impresionaba de un modo horrible. Llorando le decía: «¡Ay, madre, qué cruel eres!». Quizás fue cruel porque no estaba enamorada de mi padre. Cuando yo tenía once años me mostró un libro forrado en piel de Rusia donde guardaba las cartas de su primer novio. En la última página estaba escrito que el autor de las cartas, un joven alemán, se había suicidado en su presencia. Ese hombre vivió siempre en su memoria. El libro forrado en piel de Rusia se lo di a Cristi.

Mi madre fue para mí una amiga enorme; pero nunca nos unió la cosa religiosa. Mi madre llegó a la histeria por la religión. Teníamos que orar antes de las comidas. Mientras los demás estaban concentrados en sí mismos, Cristi y yo nos mirábamos esforzándonos por contener la risa. Durante doce años mi madre pudo contra mí; pero a los trece comencé a militar en las organizaciones estudiantiles de izquierda.

Según el alterado calendario fridiano ¿habrá sido a los trece o a los dieciséis?

Cuando Mati se fue, mi padre no dijo ni palabra. Era tal su temple que se me hacía difícil convencerme de su epilepsia. Y eso que muchas veces al ir caminando con su cámara al hombro y llevándome de la mano, se caía repentinamente. Aprendí a asistirlo durante sus ataques en plena calle. Por un lado cuidaba que aspirara prontamente éter o alcohol, y por el otro vigilaba que no robaran la máquina fotográfica.

Quizás no hubiera habido centavos para reponerla. Para entonces hacía más de medio siglo que la fotografía había entrado en México. Después de la Revolución la competencia profesional fue más dura pues proliferaron los estudios de fotógrafos profesionales. Kahlo se esforzó por acomodarse a los nuevos tiempos: hacía fotografía comercial, todavía imprimía daguerrotipos, retrataba a personajes y tomaba vistas de la Ciudad de México y otros lugares, y hasta llegó a colaborar con el doctor Atl en el libro *Las iglesias de México*; pero no hubo prosperidad económica y sí muchas dificultades.

Cuatro años estuvimos sin ver a Matita. Cierto día, mientras viajaba en un tranvía, mi padre me dijo: «¡No la encontraremos nunca!» Yo lo consolaba y en verdad, mis esperanzas eran sinceras. Tenía doce años cuando una compañera de la Preparatoria me comentó: «Por las calles de los Doctores vive una señora parecidísima a ti. Se llama Matilde Kahlo». Al fondo de un patio, en la cuarta habitación de un largo corredor la encontré. Era un cuarto lleno de luz y pájaros. Matita se estaba bañando con una manguera. Vivía allí con Paco Hernández, con el que después se casó. Gozaron de buena situación económica y no tuvieron hijos.

Lo primero que hice fue avisar a mi padre que la había encontrado. La visité varias veces y traté de convencer a mi madre para que se viesen, pero no quiso.

Mis juguetes fueron los de un muchacho: patines, bicicletas. Como mis padres no eran ricos tuve que trabajar en una maderería. Mi trabajo consistía en controlar cuántas vigas salían al día, cuántas entraban, cuál era su color y cuál su calidad. Trabajaba por las tardes y por las mañanas iba al colegio. Me pagaban sesenta y cinco pesos al mes, de los que yo no tomaba un centavo. Antes que me aplastara el camión yo quería ser médica.

Frida nunca habló de una temprana vocación literaria; pero en el *Universal Ilustrado* del 30 de noviembre de 1922 (p. 61), seguramente por iniciativa de su amigo Miguel N. Lira, poeta y cuentista, miembro del grupo Los Cachuchas y adherido a las actividades de los estridentistas, se publicó una prosa poética suya titulada *Recuerdo*, cuyo contenido se entiende en la muchacha de quince años que realmente era y no en la niña de doce que pretendía ser:

Yo había sonreído. Nada más. Pero la claridad fue en mí, y en lo hondo de mi silencio
Él, me seguía. Como mi sombra, irreprochable y ligera.
En la noche, sollozó un canto...
Los indios se alargaban, sinuosos, por las callejas del pueblo.
Iban envueltos en sarapes, a la danza, después de beber mezcal.
Un arpa y una jarana eran la música, y la alegría eran las morenas sonrientes.
En el fondo, tras del Zócalo, brillaba el río. Y se iba, como los minutos de la vida.
Él, me seguía.
Yo terminé por llorar. Arrinconada en el atrio de la Parroquia, amparada por mi rebozo de bolita, que se empapó de lágrimas.

Su accidente de 17 de septiembre de 1925 Frida me lo explicó de esta manera:

Los camiones de mi época eran absolutamente endebles, comenzaban a circular y tenían mucho éxito; los tranvías andaban vacíos. Subí al camión con Alejandro Gómez

Arias. Yo me senté en la orilla, junto al pasamano y Alejandro junto a mí. Momentos después el camión chocó con un tren de la línea Xochimilco. El tren aplastó al camión contra la esquina. Fue un choque extraño; no fue violento sino sordo, lento y maltrató a todos. Y a mí mucho más. Recuerdo que ocurrió exactamente el 17 de septiembre de 1925, al día siguiente de la fiesta del 16. Yo tenía entonces dieciocho años, pero parecía mucho más joven, incluso más joven que Cristi, a quien llevo once meses.

A poco de subir al camión empezó el choque. Antes habíamos tomado otro camión; pero a mí se me había perdido una sombrillita; nos bajamos a buscarla, y fue así que vinimos a subir a aquel camión que me destrozó. El accidente ocurrió en una esquina, frente al mercado de San Juan, exactamente enfrente. El tranvía marchaba con lentitud, pero nuestro camionero era un joven muy nervioso. El tranvía, al dar la vuelta, arrastró al camión contra la pared.

Yo era una muchachita inteligente pero poco práctica, pese a la libertad que había conquistado. Quizás por eso no medí la situación ni intuí la clase de heridas que tenía. En lo primero que pensé fue en un balero de bonitos colores que había comprado ese día y que llevaba conmigo. Intenté buscarlo, creyendo que todo aquello no tendría mayores consecuencias.

Mentiras que uno se da cuenta del choque, mentiras que llora. En mí no hubo lágrimas. El choque nos brincó hacia adelante y a mí el pasamano me atravesó como la espada al toro. Un hombre me vio con una tremenda hemorragia, me cargó y me puso en una mesa de billar hasta que me recogió la Cruz Roja.

Perdí la virginidad, se me reblandeció el riñón, no podía orinar, y de lo que yo más me quejaba era de la columna vertebral. Nadie me hizo caso. Además, no había radiografías. Me senté como pude y les dije a los de la Cruz Roja que llamaran a mi familia. Matilde leyó la noticia en los periódicos y fue la primera en llegar y no me abandonó por tres meses; de día y de noche a mi lado. Mi madre se quedó muda durante un mes por la impresión y no fue a verme. Mi hermana Adriana al saberlo se desmayó. A mi padre le causó tanta tristeza que se enfermó y sólo pude verlo después de veinte días. Estuve tres meses en la Cruz Roja.

En verdad, estuvo un mes, del 17 de septiembre al 17 de octubre.

La Cruz Roja era muy pobre. Nos tenían en una especie de galpón tremendo, los alimentos eran una porquería que casi no se podía comer. Una sola enfermera cuidaba a veinticinco enfermos. Fue Matilde quien levantó mi ánimo; me contaba chistes. Era gorda y feita, pero tenía gran sentido de humor, nos hacía carcajear a todos los que estábamos en el cuarto. Tejía y ayudaba a la enfermera en el cuidado de los enfermos.

Mis condiscípulos de la preparatoria llegaron a preguntar por mí. Me llevaban flores y trataban de distraerme. Eran los componentes de Los Cachuchas, un grupo de muchachos cuyo único miembro femenino era yo. Uno de ellos me regaló entonces un muñeco que todavía conservo. Conservo ese muñeco y muchas otras cosas. Yo quiero mucho las cosas, la vida, las gentes. No quiero que la gente muera.

No le tengo miedo a la muerte, pero quiero vivir. El dolor, eso sí, no lo aguanto.

Tan pronto vi a mi madre le dije; «No he muerto y, además, tengo algo por qué vivir; ese algo es la pintura». Como debía estar acostada con un corsé de yeso que iba de la clavícula a la pelvis, mi madre se ingenió en prepararme un dispositivo muy chistoso del que colgaba la madera que me servía para apoyar los papeles. Fue ella a quien se le ocurrió techar mi cama estilo Renacimiento. Le puso un baldaquín y colocó a lo largo del techo un espejo en el que pudiera verme y utilizar mi imagen como modelo.

Como Coyoacán quedaba muy lejos de la Ciudad de México, donde vivían sus más queridos amigos, Frida se acostumbró a escribir cartas. A veces llegó a escribir dos o tres al día. Alejandro Gómez Arias, su gran amor de la primera juventud, que en el accidente sólo sufrió golpes de menor importancia, guardó las dirigidas a él con mucho cuidado. Lo mismo hizo Miguel N. Lira. También Isabel Campos, compañera desde la escuela primaria, conservó recados, cartas y fotografías. Las cartas constituyen un testimonio conmovedor de ese tiempo en el que Frida comienza a asumir, con doloroso espíritu juguetón, su irreversible tragedia. En la Cruz Roja escribió una carta a su amor bastante casquivano.

Martes 13 de octubre de 1925

Alex de mi vida:

Tú mejor que nadie sabes todo lo triste que he estado en este cochino hospital, pues te lo has de imaginar, y además ya te lo habrán dicho los muchachos. Todos dicen que no sea yo tan desesperada; pero ellos no saben lo que es para mí tres meses de cama, que es lo que necesito estar, habiendo sido toda mi vida una callejera de marca mayor; pero qué se va a hacer, siquiera no me llevó la pelona (*aquí dibuja una calavera*) ¿no crees?

Figúrate con qué angustia me habré quedado sin saber cómo estabas tú ese día y al día siguiente; ya que me habían operado llegaron Salas y Olmedo, ¡me dio un gusto verlos!, sobre todo a Olmedo, como no tienes idea; les pregunté por ti y me dijeron que era muy doloroso lo que pasó, pero no de gravedad y no sabes cómo he llorado por ti mi Alex, al mismo tiempo que por mis dolores, pues te digo que en las primeras curaciones se me ponían las manos como papel y sudaba de dolor de la herida que me atravesó enteramente de la cadera a adelante; por tantito y me quedo hecha una ruina para toda la vida o me muero, pero ya todo pasó, ya una me cerró, y pronto dice el doctor que me va a cerrar la otra. Ya te habrán explicado lo que tengo, ¿verdad?, y todo es cuestión de mucho tiempo hasta que me cierre la fractura que tengo en la pelvis, y se me componga el codo y que cicatricen otras heridas chicas que tengo en el pie.

De visitas me han venido a ver un «gentío de gente» y una «humareda de humo», hasta Chucho Ríos y Valles preguntó varias veces por teléfono y dicen que vino una vez, pero yo no lo vi. Fernández me sigue dando la moscota y ahora resulté todavía con más aptitudes que antes para el dibujo, pues dice que cuando me alivie me va a pagar sesenta semanales (puro jarabe de pico, pero en fin), y todos los muchachos del pueblo vienen cada día de visita y el señor Rouaix hasta lloró, el padre, eh, no vayas a creer que el hijo, bueno y tú imagínate cuántos más.

Pero daría cualquier cosa porque en lugar de que vinieran todos los de Coyoacán y todo el viejerío que también viene, un día vinieras tú. Yo creo que el día que te vea, Alex, te voy a besar, no tiene remedio; ahora mejor que nunca he visto cómo te quiero con toda el alma y no te cambio por nadie; ya ves que siempre sirve de mucho sufrir algo.

Además de que físicamente he estado bastante amolada, aunque como le dije a Salas no creo haber estado muy grave, he sufrido mucho moralmente, pues tú sabes cómo estaba mi mamá de mala, lo mismo que mi papá, y haberles dado este golpe me dolió más que cuarenta heridas; figúrate, la pobrecita de mi mamá dicen que tres días estuvo como loca llorando, y mi papá, que ya iba muy mejorado se puso muy malo. Solamente dos veces me han traído a mi mamá desde que estoy aquí, que con hoy son 25 días que se me han hecho mil años, y una vez a mi papá; así es que ya quiero irme a la casa lo más pronto posible; pero no será hasta que me baje completamente la inflamación y me cicatricen todas las heridas, para que no haya ninguna infección y no me vaya yo a pasar a arruinar ¿te parece? De todos modos yo creo que no pasa de esta semana; de todas maneras te espero contando las horas donde sea, aquí o en mi casa, pues así, viéndote, se me pasarían los meses de cama mucho más aprisa.

Oye, mi Alex, si no puedes venir todavía me escribes, no sabes todo lo que me ayudó a sentirme mejor tu carta, la he leído yo creo que dos veces al día desde que la recibí y siempre me parece como si fuera la primera vez que la leo.

Te tengo que contar una bola de cosas, pero no te las puedo escribir porque como todavía estoy débil, me duelen la cabeza y los ojos cuando leo o escribo mucho, pero pronto te las contaré.

Hablando de otra cosa, tengo un hambre manis que pa' qué te escribo, y no puedo comer más que unas porquerías que ya te aviso; cuando vengas tráeme pastillas y un balero como el que perdimos el otro día.

Porque te alivies muy pronto me estaría otros quince días en este hospital. Dime como están tu mamacita linda y Alice. Tu cuate que se ha vuelto tan delgada como un hilo.

FRIDUCHA

(Estuve muy triste por la sombrillita.) ¡La vida comienza mañana!

Te adoro.

El estudiante de música Ángel Salas y el estudiante de ingeniería Agustín Olmedo integraban el círculo de amigos comunes. De Olmedo, Frida haría un retrato en 1928. Poco antes del accidente ella había entrado al taller del impresor Fernando Fernández como aprendiza de grabado a sueldo.

A 33 días del choque, ya en su casa, le vuelve a escribir a Gómez Arias, «el joven amante», como él se definiera. Le desesperaba la orden médica de pasar cinco meses en cama y le preocupaba no haber tenido menstruación, a la que ella denominaba «F. Luna». Para entonces su hermana Adriana se había casado con *El Güero* Alberto Veraza.

Martes 20 de octubre de 1925

Mi Alex:

A la una del sábado llegué al pueblo; Salitas me vio salir del hospital y te ha de haber dicho cómo vine, ¿verdad? Me trajeron muy despacio, pero siempre tuve dos días de una inflamación de todos los demonios, pero ya estoy ahora más contenta por estar en mi finca y con mi mamá. Ahora te voy a explicar todo lo que tengo, como dices en tu carta, sin faltar detalle; según el doctor Díaz Infante, que fue el que me curó en la Cruz Roja, ya nada es de mucho peligro y voy a quedar más o menos bien; tengo desviada y fracturada del lado derecho la pelvis, tuve luxación de un pie, y en el codo izquierdo luxación y una pequeña fractura, y las heridas que en la otra carta te expliqué como son: la más grande me atravesó de la cadera a en medio de las piernas, así es que fueron dos, una que ya me cerró y la otra la tengo como dos centímetros de largo y uno y medio de fondo, pero yo creo que muy pronto se cierra, el pie derecho lleno de raspones muy hondos y otra de las cosas que tengo es que estamos a 20 y F. Luna no ha venido a verme y es sumamente grave eso. El doctor Díaz Infante (que es una monada) no quiso seguirme curando porque dice que es muy lejos Coyoacán y no podía dejar a un herido y venir cuando lo llamara, así es que lo cambiaron por Pedro Calderón de Coyoacán. ¿Te acuerdas de él? Bueno, pues como cada doctor dice algo diferente de una misma enfermedad, Pedro desde luego dijo que de todo me veía demasiado bien, menos del brazo, y que duda mucho que pueda extender el brazo, pues la articulación está bien pero el tendón está contraído y no me deja abrir el brazo hacia adelante y que si lo llegaba a extender sería, muy lentamente y con mucho masaje y baños de agua caliente; me duele como no tienes idea, a cada jalón que me dan son unas lágrimas de a litro, a pesar de que dicen que en cojera de perro y lágrimas de mujer no hay que creer; la pata también me duele muchísimo, pues haz de cuenta que la tengo machacada y además me dan unas punzadas en toda la pierna horribles y estoy muy molesta, como tú puedes imaginar, pero con reposo dicen que me cierra pronto, y que poco a poco podré ir andando.

Tú cómo estás y quiero también saberlo exactamente, pues ya ves que ahí en el hospital no les podía preguntar nada a los muchachos, y ahora es mucho más difícil que los vea, pero no sé si querrán venir a mi casa, y tú tampoco has de querer venir, se necesita que no tengas vergüenza de nadie de la parentela y menos de mi mamá. Pregúntale a Salas como son de buenas gentes Adriana y Mati. Ahora Mati no puede venir muy seguido a la casa, pues cada vez que viene es un disgusto para mi mamá, y el día que ella viene no entra mi mamá, pobrecita, después de que tan bien se portó conmigo esta vez, pero ya sabes que las ideas de cada gente son muy diferentes y ni remedio, hay que aguantarse. Así es que ya te digo, no es justo que nada más me escribas y no me vengas a ver, pues yo lo sentiría como nada he sentido en mi vida. Puedes venir con todos los muchachos un domingo o el día que quieras, no seas malo, nada más ponte en mi lugar: cinco meses amolada y para más lujo recontra aburrida, pues de no ser una bola de viejas que me vienen a ver y los escuincles de aquí, que de cuando en cuando se acuerdan de que existo, me tengo que estar sola y mi alma y sufro mucho más, mira, nada más está Kity conmigo que ya la conoces y todo, a Mati yo le digo que venga el día que ustedes quieran venir y ella ya conoce a los muchachos y es muy buena gente, Adriana lo mismo, el Güero no está, mi papá tampoco, mi mamá no me dice nada; todos los días me sacan al corredor en la cama, pues Pedro Calderas (*el doctor Calderón*) quiere que me dé el aire y el sol, así es que no estoy tan encerrada como en ese malvado hospital.

Bueno, mi Alex, ya te canso y me despido con la esperanza de verte mucho muy pronto ¿eh?; no se te olvide el balero y mis dulces, te advierto que quiero algo de mesa porque ya puedo comer más que antes.

Saludos por tu cantón y por favor le dices a los muchachos que no vayan a ser tan malas gentes de olvidarme por el solo hecho de estar en mi casa.

Tu chamaca

FRIDUCHA

Cuando ya pudo levantarse e incluso volver a trabajar, recordando su vientre lacerado, sus atrasos menstruales, escribía una tarjeta en 1926, con letra cuidadosamente dibujada, que Gómez Arias conservó:

> LEONARDO
> Nació en la Cruz Roja en el año de gracia de 1925 en el mes de septiembre y se bautizó en la Villa de Coyoacán del año siguiente
> Fue su madre
> FRIDA KAHLO
> Sus padrinos
> ISABEL CAMPOS
> y ALEJANDRO GÓMEZ ARIAS

Entonces Gómez Arias proyectó un viaje a Europa, y pese a que él se preocupó por dar una versión más neutra, todo parece indicar que su intención fue desligarse de quien había depositado en su persona demasiadas ilusiones amorosas y planes a futuro que lo comprometían. El primer alejamiento fue menos distante, tan sólo a Oaxaca, su tierra natal.

8 de enero de 1927

Tráeme si puedes un peine de Oaxaca de esos de madera eh. Dirás que soy muy pedinche.

10 de enero de 1927

Alex:

Ya quiero que te vengas, no sabes cómo te he necesitado este tiempo y cómo, cada día, te quiero más.

Estoy como siempre mala, ya ves qué aburrido es esto, yo ya no sé qué hacer, pues ya hace más de un año que estoy así y es una cosa que ya me tiene hasta el copete, tener tantos achaques, como vieja, no sé cómo estaré cuando tenga treinta años, me tendrás que traer envuelta en algodón todo el día y cargada, pues ni modo que entonces se pueda, como te dije un día, en una bolsa, porque no quepo ni a trancazos.

Oye, cuéntame qué tal te has paseado en Oaxaca y que clase de cosas suaves has visto, pues necesito que me digas algo nuevo, porque yo, de veras que nací para maceta y no salgo del corredor. ¡Estoy buten buten de aburrida!!!! Dirás que por qué no hago algo de provecho, etcétera, pero ni para esto tengo ganas, soy pura… música de saxofón, tú ya sabes, y por eso no te lo explico. Esta pieza en donde tengo un cuarto ya la sueño todas las noches y por más que le doy vueltas y más vueltas ya no sé ni cómo borrar de mi cabeza su imagen (que además cada día parece más un bazar). ¡Bueno! qué le vamos a hacer, esperar y esperar...

La única que se ha acordado de mí es Carmen Jaimes y eso una sola vez, me escribió una carta nada más... nadie, nadie más...

¡Yo que tantas veces soñé con ser navegante y viajera! Patiño me contestaría que es *one* ironía de la vida, ¡jajajaja! (no te rías). Pero son sólo diecisiete (*ya tenía diecinueve*) los que me he estacionado en mi pueblo. Seguramente más tarde ya podré decir... voy de pasada, no tengo tiempo de hablarte (*Aquí dibuja notas de música*). Bueno, después de todo, el conocer China, India y otros países viene en segundo lugar... en primero, ¿cuándo te vienes? Creo que no será necesario que te ponga un telegrama diciéndote que estoy en agonía, ¿verdad? Espero que sea mucho muy pronto, no para ofrecerte algo nuevo pero sí para que pueda besarte la misma Frida de siempre.

Oye, a ver si por ahí entre tus conocencias saben de alguna receta buena pa' engüerar el pelo (no se te olvide).

Y haz de cuenta que está en Oaxaca contigo tu

FRIEDA

Él le promete visitarla antes de la partida, pero no le cumple y tras el consiguiente reclamo recurrirá a Alicia, la hermana de Alejandro para tratar de ubicarlo en sus andanzas por Alemania.

Domingo, 27 de marzo de 1927

Mi Alex: No te imaginas con qué gusto te esperaba el sábado, pues estaba segura de que vendrías y de que el viernes había algo qué hacer ... a las cuatro de la tarde recibí tu carta de Veracruz ... imagínate mi dolor, no sé explicártelo. Yo no quisiera atormentarte, y ser fuerte, sobre todo tener tanta fe como tú, pero no puedo, no puede consolarme nada, y ahora ya tengo miedo de que así como no me dijiste cuándo te ibas, me engañes diciéndome que nada más cuatro meses vas a tardar ... No puedo olvidarte un solo momento, en todas partes, en todas mis cosas estás tú, sobre todo en mi cuarto, y en mis libros y en mis pinturas. Hasta hoy a las doce recibí tu primera carta, esta mía quién sabe cuándo la recibirás, pero te voy a escribir dos veces a la semana y tú me dirás si te llega bien o a qué dirección puedo mandarlas...

Ahora, desde que te fuiste, no hago nada en el día, nada, no puedo hacer nada, ni leer ... pues cuando estabas conmigo, todo lo que hacía era para ti, para que tú lo supieras y lo vieras, pero ahora no me dan ganas de hacer nada. Sin embargo, comprendo que no debo ser así, al contrario, voy a estudiar todo lo que pueda y ahora que me alivie voy a pintar y a hacer muchas cosas para que cuando vengas sea yo un poco mejor. Todo depende del tiempo que esté yo enferma. Todavía faltan dieciocho días para hacer un mes acostada y quién sabe cuánto tiempo en ese cajón, así es que por ahora no hago nada; sólo llorar y apenas dormir porque en las noches, que estoy sola, es cuando mejor puedo pensar en ti, voy viajando contigo...

Oye Alex, el 24 de abril lo vas a pasar seguramente en Berlín, y ese día justamente cumples un mes de no estar en México, ojalá no sea viernes y que lo pases más o menos feliz. ¡Qué cosa tan horrible es estar tan lejos de ti! Cada vez que pienso en que el vapor te lleva más y más de mí, siento unas ganas de correr y correr hasta alcanzarte, pero todas las cosas que pienso y siento, etcétera, las resuelvo como todas las mujeres, con llorar y llorar, ¿qué puedo hacer yo? nada «I am buten de *lagrimilla*». Bueno Alex, el miércoles que vuelva a escribirte te diré casi lo mismo que en esta carta, un poco más triste y a la vez un poco menos porque habrán pasado tres días más y tres días menos … así, poco a poco sufriendo indeciblemente, se acercará el día en que vuelva a verte … y entonces sí nunca más tendrás que irte a Berlín.

(Carta dirigida a Alicia Gómez Arias, hermana de Alejandro)

30 de marzo de 1927

… le ruego no piense mal de mí si no la invito a venir a mi casa, pero en primer lugar no sé qué pensaría Alejandro, y en segundo no se imagina lo horrible que es esta casa, y me daría mucha pena que usted viniera; pero yo quiero que usted sepa que mis deseos serían todo lo contrario… Tengo dieciocho días acostada en un sillón y todavía faltan diecinueve que debo estar en la misma postura (pues ya le habrá platicado Alejandro que a consecuencia del golpe del camión quedé mala de la espina) y probablemente después de esos diecinueve días me tendrán que entablar o poner un corsé de yeso, así que imagínese lo desesperada que estaré. Pero todos esos sufrimientos los paso por ver si así me alivio, porque yo estoy completamente aburrida de no poder hacer nada, por estar siempre enferma.

… Estoy haciendo por averiguar la dirección de una hermana de mi papá que vive en Pforzheim, estado de Baden, pues sería muy fácil comunicarse con Alejandro por medio de ella. Dudo un poco que pueda conseguirla porque hace ya mucho tiempo que no sabemos de la familia de mi papá, por la guerra …

Durante ese encierro, en septiembre de 1926, Frida pintó *Autorretrato con traje de terciopelo* (óleo sobre tela, 79.7×59.9 cm). Medio cuerpo, la mano derecha cruzada en la cintura, la mirada orgullosa dirigida al espectador. Al fondo un paisaje obscuro de mar y montañas. El escote muy alargado resalta su delgadez y su piel pálida. En el reverso de la tela escribió: «Frieda Kahlo a los diecisiete años, en sept. de 1926 —Coyoacán— *Heute ist Immer Noch*» (El hoy aún persiste). Cuando tiempo después se lo envió a Gómez Arias, llamando a la pintura «tu Botticelli», escribió esta nota: «Perdona que te lo dé sin marco. Te suplico que lo pongas en un lugar bajo, donde lo puedas ver como si me vieras a mí».

6 de abril de 1927

… Ya tengo diecisiete días en este sillón y no siento absolutamente ningún alivio, los dolores me siguen tan fuertes o más que al principio, y ya estoy completamente convencida de que el doctor éste me tomó el pelo, pues de nada me sirvió hacer lo que me dijo. Ahora que cumpla un mes le voy a hablar claro, porque no me voy a estar toda la vida como a él se le dé la gana … Si sigo como voy, sería mejor que me eliminaran del planeta, pero lo único que me hace tener esperanza es que cuando más tarde para julio … Pero la única visita que sinceramente espero llegará de Veracruz un día de julio —y como siempre… chiflará— dejará … Obregón ¡La Prepáratoria! (No es un poema estridentista) …

Hablando de pintores, tu «Botticelli» está bien, pero en el fondo se le ve cierta tristeza que, naturalmente, no puede disimular; en el triángulo que tú sabes hay en el jardín han crecido ya las plantas, seguramente será por la primavera, pero no florecerán hasta cuando tú llegues … y tantas otras cosas que te esperan…

10 de abril de 1927

… Además de tantas otras cosas que me apenan, mi mamá también está mala, mi papá no tiene dinero; sufro, sin mentirte, hasta porque Cristina no me hace caso y no sacude mi pieza, todo se lo tengo que pedir por favor, me pone las cartas cuando se le pega la gana y me coge todo lo que se le antoja … Lo único que me entretiene un poco es leer, ya van cinco veces que leo *Juan Gabriel Borkman* y como seis o siete *La bien plantada*; del periódico un artículo que sale diario de «La Revolución Rusa», por Alejandro Kerensky (hoy será el último), y lo que pasa en Shangai, Aprendo alemán, pero todavía no paso de la tercera declinación porque está de los demonios ... También me dice en el papel si le quiero hacer un retrato «muy moderno», pero ni remedio, no puedo. Seguramente le gustaría uno que tuviera como fondo la capilla de Ocotlán o algo puramente tlaxcalteca o tintón. Esta vez no igualará su vida con el pensamiento...

El domingo que viene me va a retratar mi papá con «Cañita» para que te mande su efigie ¿eh? Si puedes hacerte una bonita fotografía allá, me la mandas a ver si cuando esté un poco mejor hago tu retrato.

Escríbeme —escríbeme— escríbeme y escríbeme, y sobre todo, ni aunque veas a la propia Venus de Milo en El Louvre, no me olvides.

Ni aunque veas lo más grande en arquitectura, no me olvides. Es lo único que puede aliviarme, no me olvides.

Lunes 11, de 1927

Alex: esta carta te la iba a mandar a España, pero hoy en la noche acaban de venir los muchachos (Salas, Chong, el Flaquer y el Crispetín) y me dijeron que Orteguita se había marchado a París y me dieron su nueva dirección.

Nada más al Crispetín y a mí nos ha llegado carta tuya, bueno y naturalmente a tu mamacita también, pero a ninguno de los demás muchachos; espero carta de La Habana, aunque me llama la atención que se tarde tanto. (No te imaginas lo triste que estuve cuando vi a los muchachos y no estabas tú mi Alex).

Viernes de Pascua,
22 de abril de 1927

Mi Alex: ya me escribió Alicia; pero después del 28 de marzo ni ella ni nadie ha tenido la menor noticia de ti… No hay nada comparable a esta desesperación de no saber nada de ti en un mes.

Sigo mala, me estoy adelgazando mucho; y siempre opinó el doctor que me pusieran el corsé de yeso tres o cuatro meses, pues la canaladura ésa, aunque es un poco menos molesta que el corsé, da peores resultados, pues como es cosa de estar en ella meses, los enfermos se llagan, y es más difícil curar las llagas que la enfermedad. Con el corsé voy a sufrir horriblemente, pues lo necesito fijo y para ponérmelo me van a tener que colgar de la cabeza y esperar así hasta que seque, pues de otro modo sería completamente inútil por la posición viciada en que tengo la espina, y colgada van a procurar que me quede lo más derecha posible, pero por todo esto, que no es ni la mitad, te puedes imaginar como estaré sufriendo y lo que me falta… Dice el *viejo* doctor que el corsé da muy buenos resultados cuando está bien puesto, pero todavía falta ver eso y si no me lleva el diablo me lo van a poner el lunes en el Hospital Francés… La única ventaja que tiene esta cochinada es que puedo andar, pero como andando me duele tanto la pierna, la ventaja sale contraproducente. Además no voy a salir a la calle en esa figura, pues con toda seguridad me llevan al manicomio. En el caso remoto que no dé resultado el corsé tendrían que operar, y la operación consistiría, según este doctor, en quitarme un pedazo de hueso de una pierna y ponérmelo en el espinazo, pero antes de que esto pasara, con toda seguridad me auto eliminaba del planeta ... A esto se reduce todo lo que me pasa, no tengo nada nuevo que contarte; estoy aburrida con A de ¡ay ay ay! Mi única esperanza es verte ...

Escríbeme
"
"
"

y sobre todo, quiéreme
"
"
"
"

25 de abril de 1927

Mi Alex:

Ayer estuve muy mala y muy triste, no te puedes imaginar la desesperación que llega uno a tener con esta enfermedad, siento una molestia espantosa que no puedo explicar y además hay a veces un dolor que con nada se me quita. Hoy me iban a poner el corsé de yeso, pero probablemente será el martes o miércoles porque mi papá no ha tenido dinero —y cuesta sesenta pesos— y no es tanto por el dinero, porque muy bien podría conseguirlo, sino porque nadie cree en mi casa que de veras estoy mala, pues ni siquiera puedo decirlo porque mi mamá, que es la única que se aflige algo, se pone mala, y dicen que fue por mí, que soy muy imprudente. Así es que yo y nadie más que yo soy la que sufro, me desespero y todo. No puedo escribir mucho porque apenas puedo agacharme, no puedo andar porque me duele horrible la pierna, ya me canso de leer —no tengo nada bonito que leer—, no puedo hacer nada más que llorar y a veces que ni eso puedo. No me divierto en nada ni tengo una sola distracción, sino nada más penas, y todos los que alguna vez me vienen a ver me chocan muchísimo. Todo esto lo pasaría si tú estuvieras aquí, pero así me dan ganas que me lleve lo más pronto el tren … no te puedes imaginar como me desesperan las cuatro paredes de mi cuarto. ¡Todo! Ya no puedo explicarte con nada mi desesperación …

Domingo 31 de abril de 1927.
Día del Trabajo

Mi Alex:

Acabo de recibir tu carta del 13 y este momento ha sido el único feliz en todo este tiempo. Aunque tu recuerdo me ayude siempre a estar menos triste, mejores son tus cartas,

Cómo quisiera explicarte minuto a minuto mi sufrimiento; me he puesto peor desde que te fuiste y ni un solo momento me consuelo y puedo olvidarte.

El viernes me pusieron el aparato de yeso y ha sido desde entonces un verdadero martirio, con nada puede compararse; siento asfixia, un dolor espantoso en los pulmones y en toda la espalda, la pierna no puedo ni tocármela y casi no puedo andar y dormir menos. Figúrate que me tuvieron colgada, nada más de la cabeza, dos horas y media y después apoyada en la punta de los pies más de una hora, mientras se secaba con aire caliente; pero todavía llegué a la casa y estaba completamente húmedo. Me lo pusieron en el

Hospital de Damas Francesas, porque en el Francés era necesario internarme lo menos una semana, pues no permiten de otra manera, y en el otro empezaron a ponérmelo a las nueve y cuarto y pude salir como a la una. No dejaron entrar a Adriana ni a nadie, y yo enteramente sola estuve sufriendo horriblemente. Tres o cuatro meses voy a tener este martirio, y si con esto no me alivio, quiero sinceramente morirme, porque ya no puedo más. No sólo es el sufrimiento físico, sino también que no tengo la menor distracción, no salgo de este cuarto, no puedo hacer nada, no puedo andar, ya estoy completamente desesperada y, sobre todo, no estás tú, y a todo esto agrégale: oír constantemente penas; mi mamá sigue muy mala, en este mes le han dado siete ataques, y mi papá lo mismo, y sin dinero. Es para desesperarse por completo ¿no crees? Cada día me adelgazo más, y ya no me divierte nada.

Lo único que me da gusto es que vayan a venir los muchachos, el jueves vinieron Chong, el güero Garay, Salas y el Goch, y van a volver el miércoles, sin embargo me sirve de sufrimiento también porque tú no estás con nosotros.

Tu hermanita y tu mamá están bien, pero seguramente darían cualquier cosa por tenerte aquí; procura por todos los medios venirte pronto.

No dudes ni un solo momento en que cuando vengas seré exactamente la misma.

Tú no me olvides y escríbeme mucho, tus cartas las espero casi con angustia y me hacen un infinito bien.

Nunca dejes de escribirme, lo menos una vez a la semana, me lo prometiste.

Dime si puedo escribirte a la Legación de México en Berlín, o a donde siempre.
¡Cuánto te necesito Alex! ¡Ven rápido!
Te adoro.

Sábado 7 de mayo de 1927

… Cuando esté un poco más acostumbrada a esta porquería de aparato, voy a hacer el retrato de Lira y a ver qué otra cosa. Estoy buten de agüitada … Salas me prestó *La linterna sorda* de Jules Renard, y compré *Jesús* de Barbusse. Es todo lo que he leído. Voy a leer *El faro*…

Domingo 27 de mayo de 1927

… No quiero que estés preocupado por mí, pues aunque yo soy muy desesperada, no es cosa peligrosa la enfermedad que tengo. Sufro mucho con eso, porque ya sabes cómo soy, pero es mejor que ahora que estás tú lejos, esté enferma…

Martes 29 de mayo de 1927

… Mi papá me dijo que cuando me alivie me va a llevar a Veracruz, pero está buten de verde-mar, pues no hay mosca (otra cosa que no es novedad), pero hay que esperar a ver si por casualidad puede cumplirse su promesa. Ya hace tiempo que empecé al aburre y aburre y si esto sigue voy a

acabar «de a demente»; pero cuando *you* regrese, *tute this*
aburrimiento *non* existirá ... Hay algunos que nacen con estrella y otros estrellados, y aunque tú no lo quieras creer, yo
soy de las estrelladísimas ...

Último de mayo de 1927

... Ya casi acabo el retrato de Chong Lee, te voy a mandar una fotografía de él ... Cada día peor, pues voy a tener
que convencerme de que es necesario, casi seguro, operarme, pues de otro modo se pasa el tiempo y después ya no
sirve el segundo corsé de yeso que me pusieron, y en eso se
han tirado casi cien pesos a la calle, pues se los regalaron a
un par de ladrones como son la mayor parte de los doctores, y los dolores me siguen enteramente igual en la pierna
mala y hay veces que me duele también la buena, así que
estoy peor cada momento y sin la menor esperanza de aliviarme pues para eso falta lo principal que es el dinero.
Tengo el nervio ciático lesionado, además de otro que no sé
cómo se llama, y que se ramifica con los órganos genitales,
dos vértebras no sé en qué partes y buten de cosas que no
puedo explicarte porque no las entiendo, así es que no sé en
qué consistiría la operación, pues nadie puede explicarlo.
Puedes imaginarte por todo lo que te digo, qué grandes esperanzas tengo de estar, no digo buena, siquiera mejor para
cuando tú llegues. Comprendo que es necesario en este
caso tener mucha fe, pero no puedes imaginar un solo momento cómo sufro con esto, pues precisamente no creo que
me pueda aliviar. Un doctor que tuviera algo de interés por

mí podría ser que pudiera cuando menos mejorarme, pero todos estos que me han visto son unas mulas que no les importo nada y que nada más se dedican a robar. Así es que yo no sé qué hacer, y desesperarme en inútil … Lupe Vélez está filmando su primera película con Douglas Fairbanks ¿ya sabes? ¿Cómo son los cines en Alemania? ¿Qué otras cosas sobre pintura has sabido y visto? ¿Vas a ir a París? ¿El Rin cómo es? ¿La arquitectura alemana? Todo …

Sábado, 4 de junio de 1927

Alex, mi vida: Ahora en la tarde recibí tu carta … No tengo ni siquiera esperanzas de que estés aquí para julio, estás encantado … ¡enamorado de la catedral de Colonia y de tantas cosas que has visto! Yo en cambio contando los días hasta que el día menos pensado vuelvas. Me entristece pensar que me vas a encontrar todavía enferma, pues el lunes me van a cambiar, por 3ª vez, el aparato, esta vez para ponérmelo fijo, sin poder andar durante dos o tres meses, hasta que me suelde perfectamente la espina, y no sé si después sea necesario siempre operarme. De todos modos ya me aburro y muchas veces creo que sería preferible que me llevara de una vez… la tía de las muchachas, ¿no crees? Nunca voy a poder hacer nada con esta desgraciada enfermedad, y si eso es a los diecisiete años no sé cómo estaré después, cada día estoy más flaca y ya verás cuando vengas cómo te vas a ir para atrás de ver lo horrible que estoy con *this aparadaje móndrigo*. Después voy a estar mil veces peor, pues imagínate después de haber estado un mes acostada (como me dejaste), otro con dos diferentes aparatos, y ahora otros dos acostada, metida en una funda de yeso, después seis otra vez con el aparato chico para poder andar, y con las esperanzas magníficas de que me operen y me pueda quedar en la operación como el oso … Es para desesperarse, ¿o no? Probablemente tú me dirás que soy buten pesimista y lagrimilla, y sobre todo ahora que eres completamente optimista, después de haber visto el Elba del Rijn, todo Lucas Cranach y Durero y sobre todo el Bronzino y las catedrales. Así yo podría ser enteramente optimista y siempre niña. No sabes cómo me dio gusto que hayas conocido el retrato maravilloso de *Eleonora de Toledo* y tantas cosas que me dices … Ahora sigo mala, seguramente más tarde me tendrán que operar, porque aunque con este aparato de yeso me alivie de la espina, no me sirve para curar los nervios que tengo lesionados en la pierna y solamente una operación o la aplicación de una corriente eléctrica (caliente) varias veces (cosa problemática y no muy eficaz, para el doctor) podría aliviarme. No puedo hacer ninguna de las dos cosas porque no tengo dinero, así es que ya no tengo ni qué hacer y te puedes imaginar cómo estaré de triste. Estoy haciendo el retrato de Lira, buten de feo. Lo quiso con fondo estilo Gómez de la Serna …

Pero si te vienes pronto, prometo estar cada día mejor,

Tuya,

No me olvides…

15 de julio de 1927

… Todavía no puedo decirte que sigo mejor, pero sin embargo estoy mucho más contenta que antes, tengo tanta esperanza de aliviarme para cuando tú vuelvas que ya no debes estar triste por mí un solo momento. Ya casi nunca me desespero, y muy pocas veces soy «lagrimilla». El día 9 de agosto hago dos meses de estar en esta posición y dice el doctor que me sacarán una radiografía para ver cómo están las vértebras y es casi seguro que solamente hasta el 9 de septiembre estaré con el aparato de yeso, después no sé que harán conmigo. La radiografía me la van a tomar aquí mismo en la casa, pues no debo moverme absolutamente nada. Estoy en una mesa con carretillas para que puedan sacarme al sol, y de ninguna manera podrías imaginarte qué molesto es esto, pues tengo ya más de un mes de no moverme para nada, pero estoy dispuesta a estar así seis meses, con tal de aliviarme…

No te imaginas lo maravilloso que es esperarte con la misma serenidad del retrato…

23 de julio de 1927

Mi Alex: En este momento recibo tu carta … Me dices que después te embarcarás a Nápoles, y es casi seguro que también vayas a Suiza, te voy a pedir una cosa, dile a tu tía que ya quieres venirte, que por ningún motivo quieres quedarte allá después de agosto … no puedes tener idea de lo que es para mí cada día, cada minuto sin ti …

Cristina sigue igual de bonita, pero es *buten de móndriga* conmigo y con mi mamá.

Pinté a Lira porque él me lo pidió, pero está tan mal que no sé ni cómo puede decir que le gusta. Buten de horrible. No te mando la fotografía porque mi papá todavía no tiene todas las placas en orden con el cambio; pero no vale la pena, tiene un fondo muy alambicado y él parece recortado en cartón. Sólo un detalle me parece bien (*one* ángel en el fondo), ya lo verás. Mi papá también sacó una fotografía del otro de Adriana, de Alicia con el velo (muy mal) y a la que quiso ser Ruth Quintanilla y que le gusta a Salas. En cuanto me saque *more* copias mi papá te las mando. Solamente sacó una de cada uno, pero se las llevó Lira, porque dice que las va a publicar en *one revistamen* que saldrá en agosto (ya te habrá platicado ¿no?). Se llamará *Panorama*, en el primer número colaboran, entre otros, Diego, Montenegro (como poeta) y quién sabe cuántos más. No creo que sea algo bien.

Yo rompí el retrato de Ríos, porque no te imaginas cómo me chocaba ya. El fondo lo quiso el *Flaquer* y el retrato acabó sus días como Juana de Arco.

Mañana es el santo de Cristina, van a venir los muchachos y los dos hijos del licenciado Cabrera, no se parecen a él (son muy brutos) y apenas hablan español, pues tienen ya doce años en Estados Unidos y sólo vienen de vacaciones a México. Los Galant también vendrán, la Pinocha, etcétera, solamente Chelo Navarro no porque está todavía en cama por su niña, dicen que está buten de mona.

Esto es todo lo que pasa en mi casa, pero de esto nada me interesa.

Mañana hace mes y medio que estoy enyesada, y *cuatro* meses que no te veo, yo quisiera que el otro comenzara la vida y pudiera besarte. ¿Será verdad que sí?

Tu hermana

FRIEDA

Flaquer y Pinocha eran, respectivamente, apodos de los amigos comunes Eduardo Bustamante y Esperanza Ordóñez. De los retratos mencionados hoy son localizables dos de dimensiones que pueden considerarse mayores dadas las limitaciones físicas que entonces padecía Frida: el de Alicia Galant (107×93.5 cm) y el de Miguel N. Lira (99.2×67.5 cm). Decir «estilo Gómez de la Serna» equivalía a vanguardismo, y el vanguardismo de entonces en México era el estridentismo, en cuya estética desarrolló Frida el retrato de su amigo, dentro de un simbolismo ingenuo y sonoro (a los estridentistas los llamaban hacedores de ruidos). En la parte superior del cuadro puso una lira (sinónimo del apellido), detrás la campana llamada María de Guadalupe del Santuario de Ocotlán, Tlaxcala, (donde nació el retratado) que suena TAAAAAAAAANN; una muñeca de trapo y un caballito de madera para recordar dos de los cuentos de Lira: *La muñeca Pastillita* y *Mi caballo blanco*. La novia de Lira, Rebeca Torres, está aludida con una torre, mientras que la palabra Tú, una guayaba y un libro abierto fueron puestos para recodar los dos primeros libros publicados por el poeta.

Coyoacán,
2 de agosto de 1927

Alex: Entramos en agosto… y podría decir que a la *vida* también si estuviera segura de que vas a regresar a fin de mes. Pero ayer Bustamante me dijo que probablemente te vas a Rusia, por lo cual te quedarás más tiempo … Ayer fue santo de Esperanza Ordoñez (Pinocha) e hicieron *sam guateque* en mi casa porque ellos no tienen piano. Estuvieron los muchachos (Salas, Mike, Flaquer), Matilde mi hermana y otros mancebos y mancebas. A mí me llevaron en mi carrito a la sala y estuve viendo bailar y cantar. Los muchachos estuvieron bastante contentos (creo yo). Lira le hizo *one* poema a la Pinocha y en el comedor hablaron los tres. Miguel se las corrió de episodios, citó a Heliodoro Valle, Tsiu Pau, López Velarde *e otros vareos*. Creo que a los tres les gusta bastante la Pinocha (estéticamente) y se hicieron muy buenos amigos.

Yo, como siempre, estuve «lagrimilla». Aunque ya *tutes* las mañanas me sacan al sol (cuatro horas) no siento que haya mejorado mucho pues los dolores siempre son los mismos y estoy bastante delgada; pero a pesar de esto, como te dije en la otra carta, yo quiero tener fe. Si hay dinero, este mes me sacan otra radiografía y ya tendré mayor seguridad; pero si no, de todas maneras me voy a levantar hasta el 9 o 10 de septiembre y para entonces sabré si me alivio con este aparato o siempre sí es necesaria la operación (tengo miedo). Pero todavía tendré que esperar bastante tiempo para ver si el absoluto reposo de estos tres meses (casi puedo decir martirio) da resultado o no.

Según lo que me dices el Mediterráneo es maravillosamente azul, ¿lo conoceré alguna vez? Creo que no, porque tengo muy mala suerte, y mi mayor deseo desde hace mucho tiempo ha sido viajar. Solo me quedará la melancolía de los que han leído libros de viajes. Ahora no leo nada. No quiero. No estudio alemán ni hago nada más que pensar en ti. Seguramente me creo buten de sabia. Y aparte de las idas y venidas de los buques de vapor solamente leo en el periódico «el editorial» y lo que pasa en Europa.

De la revolución acá todavía no se sabe nada, ahora el que parece que las puede es Obregón, pero nadie sabe nada.

Aparte de esto no hay nada interesante. Alex ¿has aprendido mucho francés? Aunque no sea necesario aconsejártelo ... atácalo lo más que puedas, ¿eh?

¿Qué museos has visitado?

¿Como son las muchachas en todas las ciudades que has visitado? ¿y los muchachos? No coquetees mucho con las muchachas en los balnearios ... Sólo en México les dicen «Medeas» y «Meches» a las que son tan exquisitas que parecen Botticelli, con buenas piernas, y sólo aquí se les puede hablar así Señorita (Sorita), ¿quiere ser mi novia? Pero en Francia no, ni en Italia, y definitivamente no en Rusia donde hay muchas peladas comunistas ... No sabes con qué gusto daría toda mi vida sólo por besarte.

Creo que ahora que de veras he sufrído, es justo que lo merezca ¿no?

¿Será como tú dices en el mes de agosto? ¿Sí?

TU FRIEDA

(Te adoro)

(Carta a Alicia Gómez Arias)

2 de agosto de 1927

... Sigo mala, ya no hablo de otra cosa, y además de la misma enfermedad, esto me apena mucho. Mañana hago ya dos meses con este aparato y todavía no veo ninguna mejoría ... Perdóneme que le escriba en este papel, pero en este momento no tengo otro, y todo me lo tienen que dar en la mano ...

8 de agosto de 1927

... No sé decirte si estoy mejor o no, porque no han sacado la radiografía, pero los dolores me siguen y antier estuve bien buten de mala. Lira me hizo favor de mandar a su papá para que me hiciera un reconocimiento con más interés que los demás. Sería muy largo explicarte todo lo que según él tengo; pero creo yo que de lo que me ve bastante mala es de la pierna; pues tengo lesionado el ciático de las vértebras. Dice que sería necesario aplicarme el termocauterio, no sé por qué. Hay como veinte opiniones diferentes, pero el caso es que sigo mala, y que todos se hacen bolas ... Todo el optimismo que tenía se acabó y vuelvo a desesperarme, ¿pero verdad que ahora tengo razón? ...

9 de septiembre de 1927

... Coyoacán, exactamente igual, todas sus cosas; sobre todo el cielo limpio en las noches. Venus y Arturo. Venus y

Venus. El 17 hará dos años de nuestra tragedia, yo sobre todo la recordaré buten, aunque es estúpido ¿no? No he pintado nada nuevo, hasta que tú vuelvas. Ahora las tardes de
septiembre son grises y tristes. A ti te gustaban tanto los
días nublados de la Preparatoria, ¿te acuerdas? He sufrido
buten, y casi, estoy neurasténica, y me he embrutecido gran
cantité, estoy muy móndriga, créeme, pero … estoy leyendo
Las ciudades y los años, de Fedin, una maravilla de talento.
Es el padre de *tute* los novelistas modernos …

17 de septiembre de 1927

… Sigo mala y casi sin esperanzas. Como siempre, nadie
lo cree. Hoy es el 17 de septiembre, el peor de todos porque
estoy sola. Cuando tú vengas yo no podré ofrecerte nada de
lo que quisiera. Seré en lugar de una pelada y coqueta solamente pelada e inútil, que es peor. Todas estas cosas me
atormentan constantemente. Toda la vida está en ti, pero yo
no podré poseerla … Soy muy simple y sufro demasiado
por lo que no debía. Soy muy joven y es posible aliviarme.
Únicamente no lo puedo creer; lo debía creer ¿verdad? Seguramente será en noviembre …

Octubre 15 de 1927

Mi Alex: ¡La penúltima carta! Todo lo que podría decirte ya lo sabes.

Todos los inviernos hemos sido felices, nunca como ahora. La vida está delante de nosotros, es imposible explicarte lo que esto significa.

Es probable que siga mala, pero ya no lo sé. En Coyoacán las noches asombran como en 1923, y el mar, símbolo en mi retrato, sintetiza la *vida*, mi vida.

¿No me has olvidado?

Casi sería injusto ¿no crees?

TU FRIEDA

Sólo conociendo las cartas dirigidas a Alejandro Gómez Arias, con su repetitivo y enajenante aliento desesperado, se puede apreciar la importancia que para Frida tuvo la irrupción de Rivera en su vida. Fue él quien la ayudó a encontrar fuerzas para sobreponerse a la angustia y le inculcó tal seguridad en sí misma que una especie de orgullo de existir, a pesar de todo, comenzó a campear en su producción artística, para adquirir, en algunas pinturas y dibujos, verdadero esplendor.

Frida y Diego se casaron el 21 de agosto de 1929. Él tenía 42 y ella 22. La boda se celebró en el antiguo Palacio Municipal de Coyoacán. Los testigos fueron un peluquero y un médico homeópata. El juez había sido compañero de Rivera en la Escuela de Bellas Artes. En el diario *La Prensa* del 23 de agosto de 1929, al pie de una gran fotografía de la pareja, se comentaba:

El miércoles último, en la vecina población de Coyoacán, contrajo matrimonio el discutido pintor Diego Rivera con la señorita Frieda Kahlo, una de sus discípulas. La novia vistió, como puede verse, sencillísimas ropas de calle, y el pintor Rivera de americana y sin chaleco. El enlace no tuvo pompa alguna; se celebró en un ambiente cordialísimo y con toda modestia, sin ostentaciones y sin aparatosas ceremonias. Los novios fueron muy felicitados, después de su enlace, por algunos íntimos.

Esta germanización de su nombre Frida agregándole una e figura también en unas tarjetas de visita. Isabel Campos, la madrina del nonato Leonardo, conservó una con el siguiente recado:

> Cuatezona de mis entretelas, dime cuándo te vienes a bañar con seguridad para ir por ti. Dispensa que hasta hoy te mande los calzones pero no había tenido tiempo la gatígrafa de írtelos a dejar. Ya sabes que tú y yo hasta el «jollo».
> Tu poderosa cuate,
>
> FRIEDA

Por su parte Tina Modotti le escribió a Edwars Weston: «Diego se casó con una preciosa chica de diecinueve años de padre alemán y madre mexicana, también pintora».

El 10 de noviembre de 1930 Diego y Frida llegan a Estados Unidos, donde Rivera pintaría murales en San Francisco, Detroit y Nueva York, ciudades en las que Frida vivió y padeció. Testimonio de sus reacciones son dos cartas que envió a Isabel Campos:

San Francisco, California,
3 de mayo de 1931

Cuate querida:

Recibí tu cartita hace buten de siglos, pero no pude contestarte porque no estaba en San Francisco sino más al sur y tenía una «bola de cosas que hacer». No puedes imaginarte el gusto que me dio recibirla. Tú fuiste la única amiga que se acordó de mí. He estado muy contenta, nada más que extraño mucho a mi mamá. La ciudad no tienes idea lo maravillosa que es. Te escribo poco de ella para tener harto que contarte.

Llegaré muy pronto al poderoso «pueblo». Yo creo que a mediados de éste y entonces te platicaré buten de cosas. Hartas habladas…

Quiero que me saludes con *mucho cariño* a tía Lolita, a tío Panchito y a todos tus hermanos y hermanas, con especialidad a Mary.

La ciudad y la bahía son «padres». El *gringuerío* no me cae del todo bien, son gente muy sosa y todos tienen caras de bizcochos crudos (sobre todo las viejas). Lo que es resuave aquí es el barrio chino, la manada de chinos son resimpáticos. Y no he visto niños más bonitos en toda mi vida que los niños chinos. ¡Bueno! una cosa maravillosa, quisiera robarme uno para que lo vieras.

Del inglés no quiero ni platicarte porque estoy hecha una atascada. Ladro lo más esencial, pero es dificilísimo hablarlo bien. Sin embargo me doy a entender aunque sea con los malvados tenderos.

No tengo amigas. Una o dos que no pueden llamarse amigas. Así es que me paso la vida pintando. Para septiembre haré una exposición (la primera) en Nueva York. Aquí no me alcanzó el tiempo y sólo pude vender algunos cuadros. Pero de todas maneras me sirvió de mucho venir pues se me abrieron los ojos y vi hartas cosas nuevas y suaves. Tú que puedes ver a mi mamá y a Kitty cuéntame de ellas. Te lo agradecería de veras. Todavía (si es que quieres) te alcanza el tiempo de escribirme una carta. Yo te pido que lo hagas pues me dará muchísimo gusto. ¿Será mucho pedir? Salúdame a todos, si ves al doctor Coronadito, a Landa, al señor Guillén. A todos los que se acuerden de mí. Y tú, cuatezoncita linda, recibe el cariño de *siempre* de tu cuate que te quiere mucho.

FRIEDUCHA

Besos a tu mamacita, papá y hermanos.
Mi Dirección: 716 Montgomery St.

Nueva York
noviembre 16, 1933

Chabela linda,

Desde hace un año no sé ni una palabra de ti ni de ninguna de ustedes. Tú. puedes imaginarte qué año ha sido éste para mí; pero yo no quiero ni hablar de eso, pues no consigo nada, y nada en el mundo podrá consolarme.

Dentro de un mes llegamos a México y te podré ver y platicarte mucho. Te escribo ésta para que me contestes y me cuentes muchas cosas, pues aunque parece que nos hemos olvidado, en el fondo siempre me acuerdo de ustedes y creo que tú y todas de cuando en cuando se recordarán de que existo, aunque tan lejos. Dime como está tío Panchito y tía Lolita y todas, cuéntame qué haces y cómo pasas los días aburridos de Coyoacán, pero que cuando está uno lejos le parecen tan lindos.

Yo aquí en gringolandia me paso la vida soñando en volver a México, pero para el trabajo de Diego ha sido completamente necesario quedamos aquí. Nueva York es muy bonito y estoy más contenta que en Detroit, pero sin embargo extraño México. Esta vez nos quedaremos allá casi un año y después quién sabe si vayamos a París, pero por lo pronto ya no quiero pensar en lo de después.

Ayer nevó por primera vez aquí, y muy pronto va a hacer un frío que se la lleva a una la tía de las muchachas, pero no hay más remedio que ponerse los calzones de lana y aguantar la nieve. Yo siquiera con las famosas enaguas largas, el frío me cala menos, pero de repente me entra un frío helado que ni veinte enaguas resisten. Sigo como siempre de loca y ya me acostumbré a este vestido del año del caldo, y hasta algunas gringachas me imitan y quieren vestirse de «mexicanas», pero las pobres parecen nabos y la puritita verdad se ven de a tiro ferióticas, eso no quiere decir que yo me vea muy bien, pero cuando menos pasadera. (No te rías).

Cuéntame como están Mari y Anita, Marta y Lolita; de Pancho y Chato sé por Carlitos que de repente me escribe, pero quiero que tú me platiques de todos. Me encontré aquí el otro día a uno de los muchachos López, no me acuerdo si es Heriberto o su hermano, pero estuvimos platicando de ustedes con mucho cariño. El está estudiando en la Universidad de New Jersey y está contento aquí.

Cristi me escribe poco, pues está ocupada con los niños, así es que nadie me cuenta de ustedes. No sé si verán de vez en cuando a Mati ahora que vive en Coyoacán, pero ella no me dice nada. ¿Qué se han hecho los Canet? Chabela ya debe estar enorme y lo mismo Lolita tu hermana, ya ni las conoceré cuando las vea. Dime si sigues aprendiendo inglés y si no, ahora que yo llegue te enseño, pues ya «ladro» un poco mejor que el año pasado.

Te quisiera contar en esta carta *miles de cosas* pero se volvería un periódico, así es que prefiero guardármelas para cuando llegue y desembucharlas allá.

Dime qué quieres que te lleve yo de aquí, pues hay cosas tan chulas y tantas que no sé ni qué sería bueno llevarles, pero si tú tienes especial gusto por algo nada más me hablas y te lo llevo.

Ahora que llegue yo me tienes que hacer mi banquete de quesadillas de flor de calabaza y pulquito pues ya nada más de pensar se me hace agua la boca. No creas que me estoy encajando y ya desde aquí te exijo que me des el banquete, nada más te lo recuerdo para que no te hagas de la vista gorda ahora que llegue.

¿Qué has sabido de las Rubí y de toda la gente que antes eran nuestras amigas? Cuéntame algunos chismes, pues aquí nadie me platica y de cuando en cuando los chismes son muy agradables al oído.

Dales muchos besos a tío Panchito y Lolita y a tía Chona también (pues a mí sí me quiere). Para todos ustedes, pero especialmente para ti, aquí van mil toneladas de besos para que los repartas y te quedes con la mayor parte.

No dejes de escribirme. Mi dirección es: Hotel Brevoort, 5th Ave. and 8th Street, N.Y.C. New York.

Tu cuate que no te olvida.

FRIEDA

No se olviden de mí.

En la relación autobiográfica que recogí en 1953, Frida decía:

> Después de pasar un año enyesada en diferentes corsés comencé a frecuentar la Secretaría de Educación donde Diego estaba pintando sus murales. Yo tenía inquietud tremenda por pintar al fresco.
> Le mostré a Diego los trabajos que había hecho.
> Mi primera exposición se llevó a cabo en la Galería Julien Levy, de Nueva York, en 1938. El primer cuadro que vendí lo adquirió Jackson Phillip. El ingeniero Morillo Safa adquirió la mayor parte de mi producción.

En la carta al ingeniero del 30 de noviembre de 1943 le decía: «Si alguna vez nos volvemos a ver quisiera que me platicara porqué le interesan mis pinturas. Esto es nada más simple curiosidad».

> Mis cuadros están bien pintados, no con ligereza sino con paciencia. Mi pintura lleva dentro el mensaje del dolor. Creo que, cuando menos, a unas pocas gentes les interesa. No es revolucionaria, para qué me sigo haciendo ilusiones de que es combativa; no puedo.

Poco después de este relato comenzó un cuadro con significación política que dejo inconcluso. Tenía un largo título: *Paz en la tierra para que la ciencia marxista salve a los inválidos y a los oprimidos por el capitalismo criminal y yanki*. En él Frida se autorretrató de cuerpo entero, con falda de tehuana y corpiño ortopédico, soltando las muletas y sosteniendo en su mano izquierda un libro rojo. A sus espaldas una paloma de la paz, una cabeza de Carlos Marx, dos manos poderosas, una de ellas con el ojo de la sabiduría en la palma acuden a sostenerla, mientras otra mano poderosa acogota a un ave de rapiña con cara del tío Sam.

> La pintura me completó la vida. Perdí tres hijos y otra serie de cosas que hubieran llenado mi vida horrible. Todo eso lo sustituyó la pintura. Yo creo que el trabajo es lo mejor.

Al regreso de Estados Unidos comenzó Frida a pensar en la posibilidad de hacer una pintura mural y se empeño en apuntes y bocetos. Al respecto le escribe a Gómez Arias el 12 de octubre de 1934:

> Alex:
> Se acabó la luz y ya no seguí pintando moninches. Seguí pensando en la decoración de la pared separada por *another wall of* sabiduría. Mi cabeza está llena de arácnidos microscópicos y de gran cantidad de alimañas minuciosas. Creo que deberemos construir la pared en un tipo microscópico también, pues de otros modos será difícil proceder al pintarrajee falaz, Además ¿crees tú que toda la sabiduría silenciosa cabrá en un espacio asaz limitado?
> ¿Y qué de libraquillos contendrán *such* letrilla en fojas casi non existentes? *That is the big* problema, y a ti te toca resolverlo arquitectónicamente pues como tú dices, yo *non* puedo ordenar nada dentro de la *big realité* sin ir derecho al

choque, o tengo que colgar ropajes del aire, o colocar lo lejano en una cercanía peligrosa y fatal. Tú lo salvarás todo con la regla y el compás.

¿No sabes que yo nunca he mirado selvas? ¿Cómo es que podré pintar fondo selvático con alimañas en un vacilón drepa? En fin, yo haré lo que pueda y si *non* te place podrás proceder al desbarate sólido y eficaz de lo ya construido y pintado. Pero tardará tanto en concluirse que nunca tendremos tiempo ni siquiera de pensar en el derrumbe.

No he podido todavía organizar el desfile de tarántulas y los demás seres, porque estoy pensando que todo quedará como pegado a la primera capa de las infinitas que debe tener tal pared.

Me ha hecho tanto bien verte, que no he podido decírtelo. Ahora me atrevo a escribirlo porque no estás tú aquí, y porque es una carta escrita el invierno de siempre. No sé si tú lo creerás, pero es así, y no puedo escribirte sin decírtelo.

Mañana te hablaré, y yo quisiera que un día me escribieras aunque sólo fueran tres palabras, no sé por qué te pido esto pero sé que necesito que me escribas. ¿Quieres?

Alejandro Gómez Arias recordaba que el 24 de junio de 1927 Frida le había escrito: «... Sigo mal, y seguiré peor, pero voy aprendiendo a estar sola y eso ya es una ventaja y un pequeño triunfo...».

La comunicación con Gómez Arias se siguió dando cada vez que a Frida le ocurría algo excepcional. Así sucedió cuando presentó su primera exposición individual en la Julien Levy

Gallery, situada en el 15 East de la calle 57. Tuvo lugar del 1°
al 15 de noviembre de 1938. La presentación del catálogo, en
francés, la hizo André Breton.

Nueva York,
1° de noviembre de 1938

Alex, el mero día de mi exposición te quiero platicar
aunque sea este poquito.

Todo se arregló a las mil maravillas y realmente me cargo una suerte lépera. La manada de aquí me tiene gran cantidad de cariño y son todos de un amable elevado. El
prefacio de A. Breton no quiso Levy traducirlo y es lo único
que me parece un poco apenas, pues tiene aspecto medio
pretensiosón, pero ahora; ya ni remedio! ¿A ti qué se te
hace? La galería es padre y arreglaron los cuadros muy
bien. ¿Viste *Vogue*? Hay tres reproducciones, una en color
—la que me parece más *drepa*—, también en *Life* aparecerá
algo esta semana.

En una colección privada de pintura vi dos maravillas,
una de Piero della Francesca, que me parece lo más dien-
toncísimo del mundo, y un Grequito, el más chiquitito que
he visto, pero el más suave de todos. Te voy a enviar las reproducciones.

Escríbeme si te acuerdas de mí algún día. Estaré aquí
dos o tres semanas. Te quiero re harto.

Salúdame a Mir y a Rebe. Áurea está aquí y ahora más
aceptable que antaño.

Con motivo de la exposición de Frida, Rivera le envió al crítico Sam A. Lewisohn un recado el 11 de octubre de 1938:

> Se la recomiendo, no como marido, sino como un entusiasta admirador de su obra, ácida y tierna, dura como el acero y delicada y fina como el ala de una mariposa, adorable como una hermosa sonrisa y profunda y cruel como la amargura de la vida.

Los cuadros expuestos fueron veinticinco y por lo menos la mitad se vendieron. El esfuerzo previo hecho por Frida fue muy grande pues la mayoría habían sido pintados en el mismo 1938. En el conjunto sobresalía *Lo que vi en el agua*, adquirido por el fotógrafo Nickolas Muray, con quien Frida consolidó entonces una relación muy apasionada. En esa pintura la encantadora suavidad de los colores seleccionados atenúa el sentido perverso de muchos de los símbolos, mientras que la armonía y la gracia de la composición hace menos evidente la buscada discordancia de significados. Nada se ve arbitrario en la conjunción, acertada y extraña, de realismo, surrealismo, erotismo, necrofilia y burla a los desarrollos socio-históricos desiguales.

Como ninguna otra pintura de Frida, ésta se instala en una pesadilla consciente. Si en verdad ocurrió durante el sueño viene a resultar secundario, pues se trata de una pintura trabajada con minucia y primor en cada uno de sus detalles.

En este drama pictórico hay dos protagonistas fundamentales; Frida viva y Frida muerta. La primera, en su cotidiana hidroterapia en la tina casera, imagina a la segunda como víctima de extrañas circunstancias desastrosas. De la viva sólo se ven las piernas sumergidas en el agua. Sólo sobresale la parte delantera de los pies, con las uñas pintadas de rojo y la herida nunca bien cicatrizada en el derecho, que al fin degeneraría en gangrena y obligaría a la amputación del miembro inferior, hasta la altura de la rodilla, en el mes de agosto de 1953.

En la fantasía acuática el cadáver de Frida emerge de las aguas aquietadas ya, tras un diluvio o cataclismo que ha alterado a tal punto el orden de las cosas, que el Empire State Building de Nueva York ha ido a caer al cráter de un volcán mexicano, del que sale humo y sangre. Sangre escurre también del alambre roto que debió sostener la tapa de la tina.

Al pie de la ladera del cráter, en calzoncillos, está un hombre perverso que tira de una soga, la cual se enreda por el cuello del cadáver de Frida, se tensa en dos picos de rocas y se convierte en una cuerda circense donde una equilibrista hace su acto, mientras diversos insectos desfilan en dirección al cadáver que ya tiene encima una araña.

Con evidente coquetería, Frida pintó el cadáver íntegro, los pechos turgentes, el vientre suavemente abultado, la delgadez de la cintura marcada por una soga. A su alrededor sobrenada el vestido de tehuana que la turbulencia arrancó del cuerpo, y sobrenadan también plantas y flores tropicales, representadas con connotaciones sexuales. De entre ellas emergen Guillermo Kahlo y Matilde Calderón, los padres de Frida, pintados según la fotografía que le había servido de modelo en 1936 para el cuadro *Mis abuelos, mis padres y yo.*

En la punta de un cerro se ve un cadáver sedente, pleno de vida. Sobre una balsa de esponja reposan idílicamente dos mujeres exitándose, una de piel clara y otra de piel obscura; ambas con una mano cerca del pubis. Los muy comentados hábitos bisexuales de Frida agregan a este trozo del cuadro el sentido de un pasaje lésbico. A la derecha un pájaro muerto descansa entre las ramas de un árbol que reverdece. A la izquierda un caracol ha quedado convertido en fuente decorativa, mientras a lo lejos un bote con velas henchidas navega como una frágil Arca de Noé que ha de salvar a los sobrevivientes.

La tenuidad del conjunto ayuda a dar la impresión de algo congelado entre un pestañeo y otro. Si los párpados caen, las piernas se mueven o la bañera es destapada, todo desaparecerá; humor negro, obsesiones, autocompasión. una tormenta de la fantasía en el vaso de agua de una sesión de hidroterapia.

En una de las últimas hojas del *Diario* copió una carta que le había enviado supuestamente a Diego el 8 de diciembre de 1938 desde Nueva York, cuando él cumplía 52 años y ella tenía 31.

Niño mío de la gran Ocultadora, son las seis de la mañana y los guajolotes cantan. Calor de humana ternura. Soledad acompañada. Jamás, en toda la vida, olvidaré tu presencia. Me acogiste destrozada y me devolviste entera, íntegra.

En esta pequeña tierra ¿dónde pondré la mirada? ¡Tan inmensa, tan profunda! Ya no hay tiempo, ya no hay nada. *Distancia.* Hay ya sólo *realidad.* Lo que fue, ¡fue para siempre! Lo que es, son las raíces que se asoman transparentes, transformadas en árbol frutal eterno. Tus frutos ya dan sus aromas, tus flores dan su color creciendo con la alegría de los vientos y la flor.

Nombre de Diego, nombre de amor. No dejes que le dé sed al árbol que tanto te ama, que atesoró tu semilla, que cristalizó tu vida a las seis de la mañana.

TU FRIDA

No dejes que le dé sed al árbol del que eres sol, que atesoró tu semilla. Es Diego nombre de amor.

Se comprende mejor la singular relación entre Diego y Frida cuando se leen las expresiones de intensa ternura que aparecen una y otra vez en el *Diario* que ella dibujó y escribió con apasionada invención.

Diego, nada comparable a tus manos ni nada igual al oro verde de tus ojos. Mi cuerpo se llena de ti por días y días. Eres el espejo de la noche, la luz violenta del relámpago, la humedad de la tierra. El hueco de tus axilas es mi refugio. Mis yemas tocan tu sangre. Toda mi alegría es sentir brotar tu vida de tu fuente-flor que la mía guarda para llenar todos los caminos de mis nervios que son los tuyos.

Diego, verdad es muy grande que yo no quisiera ni hablar ni dormir, ni oír, ni querer. Sentirme encerrada, sin miedo a la sangre, sin tiempo ni magia, dentro de tu mismo miedo, y dentro de tu gran angustia, y en el mismo ruido de tu corazón. Toda esta locura, si te lo pidiera, yo sé que sería, para tu silencio, sólo turbación. Te pido violencia en la sinrazón y tú me das gracia, tu luz y calor. Pintarte quisiera, pero no hay colores por haberlos tantos, ni mi confusión, la forma concreta de mi gran amor.

Nunca he visto ternura más grande que la que Diego tiene y da cuando con sus manos y sus bellos ojos toca las esculturas del México indio.

Nadie es más que un funcionamiento, o parte de una función total. La vida pasa y da caminos que no se recorren vanamente. Pero nadie puede detenerse libremente a jugar en el sendero, porque, retrasa o transforma el viaje atómico y general. De allí viene el descontento, de allí la desesperanza y la tristeza. Todos quisiéramos la suma y no el elemento número. Los cambios y la lucha desconciertan, nos aterran por constantes y por ciertos; buscamos la calma y la paz porque nos anticipamos a la muerte que morimos cada segundo. Los opuestos se unen y nada nuevo ni arrítmico descubrimos. Nos guarecemos en lo irracional, en lo mágico, en lo anormal, por miedo a la extraordinaria belleza de lo cierto, de lo material y dialéctico, de lo sano y fuerte. Nos gusta ser enfermos para protegernos. Alguien —algo— nos protege siempre de la verdad; nuestra propia ignorancia y nuestro miedo. Miedo a saber que no somos otra cosa que vectores-dirección, construcción y destrucción para ser vivos y sentir la angustia de esperar el minuto siguiente y participar en la corriente compleja de no saber que nos dirigimos a nosotros mismos a través de millones de seres-piedras, de seres-aves, de seres-astros, de seres-microbios, de seres-fuentes. Nosotros mismos: variedad del uno, incapacidad de escapar al dos, al tres, al etcétera de siempre para regresar al uno. Pero no a la suma (llamada a veces dios, a veces libertad, a veces amor). No, somos odio, amor, madre, hijo, planta, tierra, luz, rayo, etc. Siempre mundo dador de mundos, universos y células. Ya.

Nadie sabrá jamás cómo quiero a Diego. No quiero que nada lo hiera, que nada lo moleste y le quite energía que él necesita para vivir, vivir como a él le dé la gana. Pintar, ver, amar, comer, dormir, sentirse solo, sentirse acompañado; pero nunca quisiera que estuviera triste. Si yo tuviera salud quisiera dársela toda, si yo tuviera juventud toda la podría tomar. No soy solamente la madre, soy el embrión, el germen, la primera célula que —en potencia— lo engendró. Soy él desde las más primitivas y más antiguas células, que con el tiempo se volvieron él.

Cada momento él es mi niño, mi niño nacido, cada ratito, diario, de mí misma.

Afortunadamente las palabras se fueron haciendo. ¿Quién les dio la verdad absoluta? Nada hay absoluto. Todo se cambia, todo se mueve, todo revoluciona, todo vuela y se va ...

Diego-principio
Diego-constructor
Diego-mi niño
Diego-pintor
Diego-mi amante
Diego-mi esposo
Diego-mi amigo
Diego-mi madre
Diego-mi padre
Diego-mi hijo
Diego-yo

Diego-universo

Diversidad en la unidad. ¿Por qué 1e llamo mi Diego? Nunca fue ni será mío. Es de él mismo. La vida callada dadora de mundos, lo que más importa es la no ilusión. La mañana nace, los rojos amigos, los grandes azules, hojas en las manos, pájaros ruideros, dedos en el pelo, nidos de palomas, raro entendimiento de la lucha humana, sencillez del canto de la sinrazón, locura del viento en mi corazón.

Dulce xocólatl del México antiguo, tormenta en la sangre que entra por la boca. Convulsión, augurio, risa y dientes finos, ahujas de perla para algún regalo de un siete de julio. Lo pido, me llega, canto, cantando, cantaré desde hoy nuestra magia-amor.

Rivera la estimuló para que después de Nueva York presentara su obra en París. Ella aceptó sin demasiado entusiasmo como lo demuestra la carta que le envió a Diego el 9 de enero de 1939 desde Nueva York:

… Te extraño tanto mi lindo que hay momentos en que tengo más ganas de irme a México que de nada, y ya me estaba yo rajando la semana pasada de irme a París, pero como tú dices que será quizá la última oportunidad que tenga de ir, voy a hacer de tripas corazón y a largarme. En marzo estaré de vuelta en México pues no pienso quedarme más de un mes en París … Yo no sé los Breton qué planes tengan pues no han vuelto a escribirme para nada, ni siquiera respondieron el cable que les mandé la semana pasada.

Pienso que me van a esperar en Cherburgo o a donde pare el barco, pues yo no sé qué bolas me haría yo solita en esas tierras que ni de relajo conozco.

En París la aguardaban sorpresas muy desagradables. Breton no había sacado los cuadros de la aduana, ya no tenía galería y no se había preocupado por conseguir otra, la exposición no sería individual sino que sus cuadros estarían juntos con 32 fotografías de Manuel Álvarez Bravo, catorce retratos mexicanos del siglo XIX y muchos objetos populares que Breton había adquirido en México. Además una infección con colibacilos la obligó a internarse en un hospital.

Gracias a la eficaz intervención de Marcel Duchamp todos los problemas fueron encontrando solución. Cuando se decidió que la galería habría de ser la Renou et Colle y la inauguración tendría lugar el 10 de marzo, Frida le escribe el 16 de febrero de 1939 a Nickolas Muray:

... cuando hace unos días todo más o menos estaba arreglado, Breton de repente me informó que el socio de Pierre Colle, un viejo bastardo e hijo de puta vio mis cuadros y consideró que sólo será posible exponer *dos* ¡porque los demás son demasiado «escandalosos» para el público! Quería matar a ese tipo y comérmelo después, pero estoy tan enferma y cansada del asunto que he decidido mandar todo al diablo y largarme de este corrompido París antes de que yo también me vuelva loca. No te imaginas lo mula que es esta gente. Me da asco. Es tan intelectual y corrompida que ya no la soporto. De veras es demasiado para mi carácter.

Preferiría sentarme a vender tortillas en el suelo del mercado de Toluca, en lugar de asociarme a esta mierda de «artistas» parisienses, que pasan horas calentándose los valiosos traseros en los «cafés», hablan sin cesar acerca de la «cultura», el «arte», la «revolución», etcétera. Se creen los dioses del mundo, sueñan con las tonterías más fantásticas y envenenan el aire con teorías y más teorías que nunca se vuelven realidad.

A la mañana siguiente no tienen nada que comer en sus casas porque *ninguno de ellos trabaja*. Viven como parásitos, a costa del montón de viejas ricas que admiran su «genio» de «artistas». *Mierda* y sólo *mierda* es lo que son. Nunca he visto a Diego ni a ti perdiendo el tiempo con chismes estúpidos y discusiones «intelectuales»; por eso ustedes sí son *hombres* de verdad y no unos cochinos «artistas». ¡Carajo! Valió la pena venir sólo para ver por qué Europa se está pudriendo y cómo toda esta gente que no sirve para nada, provoca el surgimiento de los Hitler y los Mussolini.

Ya un poco más calmada, el 17 de marzo desde París, les escribe a sus muy queridos amigos Ella y Bertram D. Wolfe, éste el primer biógrafo de Rivera:

… Por fin, Marcel Duchamp (el único entre los pintores y artistas de aquí que tiene los pies en la tierra y los sesos en su lugar) pudo lograr arreglar con Breton la exposición. Se abrió el día diez de éste en la galería *Pierre Colle*, que según me dicen, es de las mejores de aquí. Hubo gran cantidad de raza el día del «opening», grandes felicitaciones a la «chicua», entre ellas un abrazote de Joan Miró y grandes alabanzas de Kandinsky para mi pintura, felicitaciones de Picasso y Tanguy, de Paalen y de otros «grandes cacas» del surrealismo. En total, puedo decir que fue un éxito y tomando en cuenta la calidad de la melcocha (es decir, de la manada de felicitaciones), creo que estuvo bastante bien el asunto...

Antes de viajar a Europa, Frida había recibido en Nueva York una carta escrita por Trotsky en México el 12 de enero de 1939, donde le solicitaba que interviniera para impedir que Diego renunciara a la Cuarta Internacional. Supuestamente el disgusto de Rivera se debía a que Trotsky no había querido escuchar la lectura del artículo «De la naturaleza intrínseca y las funciones del arte», que él y Juan O'Gorman habían enviado a la revista trotskista *Clave* y que en el número tres de la misma fue publicado como carta a la redacción. Ahí los dos pintores exponían su tesis del arte como mercancía:

En sí mismo, el arte es una nutrición necesaria para el sistema nervioso y al propio tiempo por razón misma de su necesidad, es una mercancía. Por eso se compran los poemas, las estatuas, las pinturas y se paga por oír música. El hecho de que el arte sea una nutrición se comprueba por la razón de su necesidad psicológica y el precio que se paga por él demuestra la necesidad que tiene el hombre de arte.

En su larga carta Trotsky argumentaba:

… Se me hace muy difícil dar con el verdadero origen del disgusto de Diego … Que es un auténtico revolucionario, eso nadie lo duda; pero es un revolucionario mutilado por un gran artista, y es por cierto esta «mutilación» la que lo deja absolutamente incapacitado para el trabajo de rutina en el Partido.

… Inició una actividad, puramente personal en la Casa del Pueblo y en la CGT, y la ocultó de mí y de todos los demás camaradas. Eso me alarmó muchísimo, porque estaba seguro de que esa aventura personal habría de terminar con resultados desagradables para la Cuarta Internacional y para Diego, en lo personal.

… A mis ojos, los experimentos en la Casa del Pueblo y la CGT no hizo que virara hacía la izquierda, sino a la derecha y de manera muy cínica … hace apenas unos días, Diego renunció a la Cuarta Internacional. Espero que su renuncia no sea aceptada … Sin embargo, creo que tu ayuda en esta crisis es esencial. La ruptura de Diego con nosotros significaría no sólo un duro golpe para la Cuarta Internacional, sino también —temo decirlo— la muerte moral del propio Diego. Aparte de la Cuarta Internacional y de sus simpatizantes, dudo que pudiera hallar un medio de comprensión y estimación, no sólo como artista, sino como revolucionario y como persona.

Lo cierto es que ante el avance del nazismo y el fascismo, Diego ya había decidido un progresivo acercamiento a la Unión Soviética y al stalinismo, el cual tardaría más de una década en cuajar, aunque un primer paso fue comprometerse con Siqueiros a prestarle su camioneta para el asalto a la casa de Trotsky que habría de perpetrarse el 24 de mayo de 1940. Pero Diego no quería involucrar a Frida en sus andanzas y para ello, sin explicación alguna, le propuso lo que podría denominarse un divorcio preventivo, concretado el 6 de noviembre de 1939. En junio de 1940 le deja a Frida una carta poder para que se haga cargo de todos los objetos que se encontraban en el estudio de San Ángel Inn, y ayudado por la actriz Paulette Goddard consigue la visa para trasladarse a Estados Unidos, donde consiguió un contrato para pintar en San Francisco, a la vista del público, diez tableros al fresco para la Golden Gate International Exposition. Pero después de la acción de Siqueiros y su grupo la casa de Frida sí fue cateada y ella y Cristina estuvieron detenidas durante algunas horas. El 11 de junio Frida le escribe:

Diego mi niño lindo:
Ayer recibí, tu carta y quería escribirte luego, pero como tengo tantas cosas que contarte y llegué muy cansada de San Ángel, azoté como mayate, y esperé a escribirte hoy con más calma. Tu carta me dio muchísimo gusto pues es lo único bueno que me ha pasado desde hace días y días, recibir tus letras. Con nada podría explicarte la alegría que me da saber que estás bien, ya fuera de todo este barullo de mierda … Me traje tus dibujos, fotografías, toda clase de papiros, etcétera, todo está en mi cantón.
Dejé en San Ángel solamente muebles pelones, la casa barrida y limpiada, el jardín, arreglado, etc. Así es que creo que por ese lado debes estar completamente tranquilo. Ya me pueden matar que no dejaré que te roben tus cosas.

Cada cosa tuya me hace pensar en ti … ¡Estoy contenta de haber podido ayudarte hasta donde me alcanzaron las fuerzas, aunque no tuve el honor de haber hecho tanto como la señorita Irene Bohus (*pintora húngara que entonces era ayudante de Diego y que después sería de las amigas más cercanas de Frida*) y la señora Goddard! Según tus declaraciones a la prensa ellas fueron las heroínas y las únicas merecedoras de tu agradecimiento … A la señora Goddard dale mis más repetidas gracias por su cooperación, tan oportuna y magnífica … Si a mí se me tuvo *desconfianza* hasta el último momento para decirme ciertas cosas, ella gozó del privilegio de la confianza absoluta, sus razones debe haber habido. Yo desgraciadamente desconocía por completo mi catalogación entre la gente *rajona* y *sospechosa*, … las demás gentes me tratan como basura desde que no tengo el honor de pertenecer a la élite de los artistas famosos y sobre todo desde que no soy tu mujer … Los putos de Carlos Orozco Romero y su pandilla, todos los «decentes» de México, y todas las damas que cooperan con la Cruz Roja, puteando de la manera más descarada por las calles, sin tarjetas de buena salud, me encuentran por la calle y no se dignan hablarme … no creo que a nadie le haya interesado lo mío. No hay razón para que se interesen y mucho menos que yo lo crea … He seguido viviendo de ti, haciéndome las ilusiones de otras cosas. En conclusión he sacado que no he hecho nada más que fracasar … Viví contigo diez años no haciendo en resumidas cuentas más que darte lata y fastidiarte, me puse a pintar y no sopla mi pintura más que para mí misma y para que me la compres tú sabiendo que nadie más me la compra. Ahora que hubiera dado la vida por ayudarte, resulta que son otras las verdaderas «salvadoras». Quizás todo esto lo piense ahora que me encuentro jodida y sola, y sobre todo agotada de cansancio interior ... No tengo las menores ganas de trabajar con la ambición que quisiera tener. Seguiré pintando nada más para que tú veas mis cosas. No quiero ni exposiciones ni nada. Pagaré lo que debo con pintura y después, aunque trague caca, haré exactamente lo que me dé la gana y a la hora que quiera. Ya lo único que me queda es tener tus cosas cerca de mí, y la esperanza de volver a verte es suficiente para seguir viviendo.

El 8 de diciembre de 1940 Frida y Diego volvieron a contraer matrimonio en San Francisco, e hicieron un pacto para eliminar malentendidos, celos y discusiones violentas. Los golpes recibidos más los sufrimientos físicos la llevaron a encontrar refugio en el alcohol, aunque su dedicación a la pintura fue intensa y de muy alta calidad.

En 1943 el industrial José Domingo Lavín le da a leer el *Moisés* de Freud y le sugiere que lo interprete en imágenes. Terminada la obra dos años después, ante un grupo de amigos reunidos por Lavín, Frida lo explicó de esta manera:

> Leí el libro una sola vez y comencé a pintar el cuadro con la primera impresión que me dejó. Después lo releí y debo confesar que encuentro el cuadro incompleto y bastante distinto a lo que debería ser la interpretación de lo que Freud analiza tan maravillosamente en su *Moisés*. Pero ahora ya ni modo de quitarle o ponerle, así es que diré lo que pinté tal cual está.

El tema en particular es sobre Moisés o el nacimiento del Héroe; pero generalicé a mi modo (un modo reteconfuso) los hechos o imágenes que me dejaron mayor impresión al leer el libro. Lo que quise expresar más intensa y claramente fue que la razón por la cual las gentes necesitan inventar o imaginarse héroes y dioses es el puro miedo. Miedo a la vida y miedo a la muerte.

Comencé pintando la figura de Moisés niño (Moisés en hebreo quiere decir aquel que fue sacado de las aguas, y en egipcio Moisés significa niño). Lo pinté como lo describen muchas leyendas, abandonado dentro de una canasta y flotando sobre las aguas de un río. Plásticamente traté de hacer que la canasta, cubierta por la piel de animal, recordara lo más posible a una matriz, pero según Freud la cesta es la matriz expuesta y el agua significa la fuente materna al dar a luz a una criatura. Para centralizar ese hecho pinté el feto humano en su última etapa dentro de la placenta. Las trompas, que parecen manos, se extienden hacia el mundo. A los lados del niño ya creado puse los elementos de creación, el huevo fecundado y la división celular.

Freud analiza en una forma muy clara, pero muy complicada para mi carácter, el importante hecho de que Moisés no fue judío y solamente pinté un chamaco que, en general, representara tanto a Moisés como a todos los que según la leyenda tuvieran ese principio, transformándose después en personajes importantes, guiadores de sus pueblos, es decir héroes, más abusados que los demás, por eso le puse el ojo avisor. En este caso se encuentran Sargón, Ciro, Rómulo, Paris, etcétera.

La otra conclusión interesantísima de Freud es que Moisés, no siendo judío, dio al pueblo escogido por él para ser guiado y salvado una religión, que tampoco era judía sino egipcia. Amenhotep IV revivió el culto al Sol tomando como raíces la antiquísima religión de Heliópolis. Por eso pinté al Sol como centro de todas las religiones, como primer dios y como creador y reproductor de la vida. Esta es la relación que tienen las tres figuras principales en el centro del cuadro.

Como Moisés ha habido y habrá gran cantidad de copetones transformadores de religiones y sociedades humanas. Se puede decir que ellos son una especie de mensajeros entre la gente que manejan y los dioses inventados por ellos, para poder manejarla. De estos dioses hay un resto; naturalmente no me cupieron todos y acomodé, de un lado y otro del Sol, a aquellos que, les guste o no, tienen relación directa con el Sol. A la derecha los de Occidente y a la izquierda los de Oriente. El toro alado asirio, Amón, Zeus, Osiris, Horus, Jehová, Apolo, la Luna, la Virgen María, la Divina Providencia, la Santísima Trinidad, Venus y… el diablo. A la izquierda: el relámpago, el rayo y la huella del relámpago, es decir, Hurakán, Kukulkán y Gukamatz; Tláloc, la magnífica Coatlicue, madre de todos los dioses, Quetzalcóatl, Tezcatlipoca, la Centéotl, el dios chino Dragón y el hindú Brahama. Me faltó un dios africano, pero no pude localizarlo; se le podría hacer un campito.

Habiendo pintado a los dioses que no cupieron en sus respectivos cielos, quise dividir el mundo celeste de la imaginación y la poesía del mundo terreno del miedo a la muerte, entonces pinté los esqueletos humano y animal que pueden verse. La tierra ahueca sus manos para protegerlos.

Entre la muerte y el grupo donde están los héroes no hay división ninguna, puesto que también mueren y la tierra los acoge generosamente y sin distinciones. Sobre la misma tierra, pintadas sus cabezas más grandes para distinguirlos del montón, están retratados los héroes (muy pocos de ellos, pero escogiditos), los transformadores de religiones, los inventores o creadores de éstas, los conquistadores, los rebeldes, ese decir, los meros dientones. A la derecha (a esta figura debí darle más relevancia que a ninguna) se ve a Amenhotep, llamado Iknatón, joven faraón de la 18a. dinastía egipcia (1370 a.C.) quien impuso a sus súbditos una religión contraria a la tradición, rebelde al politeísmo, estrictamente monoteísta, con raíces lejanas en el culto de On, la religión de Atón, es decir, del Sol. No solamente adoraban al Sol como ente material, sino como el creador y el conservador de todos los seres vivos, dentro y fuera de Egipto, cuya energía se manifestaba en sus rayos, adelantándose así a los más modernos conocimientos sobre el poder solar.

Después Moisés —según el análisis de Freud— dio a su pueblo, adaptada, la misma religión de Iknatón, transformada un poco según los intereses y circunstancias de su tiempo. A esta conclusión llega Freud después de un minucioso estudio en el que descubre la relación íntima entre la religión de Atón y la mosaica, ambas monoteístas. (Toda esta parte del libro no supe como transportarla a la plástica.)

Siguen Cristo, Zoroastro, Alejandro el Grande, César, Mahoma, Tamerlán, Napoleón y «el infante extraviado»: Hitler. A la izquierda la maravillosa Nefertiti, esposa de Iknatón. Me imagino que además de extraordinariamente bella debe haber sido una hacha perdida y colaboradora inteligentísima de su marido. Buda, Marx, Freud, Paracelso, Epicuro, Gengis Kan, Gandhi, Lenin y Stalin. El orden es gacho, pero los pinté según mis conocimientos históricos, que también lo son. Entre ellos y los del montón pinté un mar de sangre con el que significo la guerra. Y, por último, la poderosa y nunca bien ponderada masa humana, compuesta por toda clase de bichos: los guerreros, los pacíficos, los científicos y los ignorantes, los hacedores de monumentos, los rebeldes, los porta-banderas, los lleva-medallas, los habladores, los locos y los cuerdos, los alegres y los tristes, los sanos y los enfermos, los poetas y los tontos, y toda las demás raza que ustedes gusten que exista en esta poderosa bola. Nada más los de adelantito se ven un poco claros, los demás... con el ruido no se supo.

Del lado izquierdo, en primer término, está el Hombre, el constructor, de cuatro colores (las cuatro razas). Del lado derecho, la Madre, la creadora, con el hijo en brazos. Detrás de ella el Mono. Los dos árboles que forman un arco de triunfo son la vida nueva que retoña siempre del tronco de la vejez. En el centro, abajo, lo más importante para Freud y para muchos otros; el Amor, que está representado por la concha y el caracol, los dos sexos, a los que envuelven raíces siempre nuevas y vivas. Esto es todo lo que puedo decir de mi pintura.

Durante abril de 1946 Frida pintó *El venado herido*, pequeño óleo sobre masonite (22.4×30 cm) y el 3 de mayo se lo entrega a los esposos Lina y Arcady Boytler, acompañado con unas rimas. El realizador cinematográfico Boytler (1895-1965), nacido en

Rusia, fue para Frida un amigo desinteresado y benévolo, de quien dibujaría en 1947 un retrato con símbolo-ojo en la frente para significar imaginación prodigiosa, inteligencia y profunda observación de la vida. Se lo dio como regalo de cumpleaños.

Solito andaba el Venado
rete triste y muy herido
hasta que en Arcady y Lina
encontró calor y nido.

Cuando el Venado regrese
fuerte, alegre y aliviado
las heridas que ahora lleva
todas se le habrán borrado.

Gracias niños de mi vida,
gracias por tanto consuelo
en el bosque del Venado
ya se está aclarando el cielo.

Ahí les dejo mi retrato,
pa' que me tengan presente,
todos los días y las noches,
que de ustedes me ausente.

La tristeza se retrata
en todita mi pintura,
pero así es mi, condición,
ya no tengo compostura.

Sin embargo, la alegría
la llevo en mi corazón,
sabiendo que Arcady y Lina
me quieren tal como soy.

Acepten este cuadrito
pintado con mi ternura,
á cambio de su cariño
y de su inmensa dulzura.

Con *El venado herido* Frida agradecía, antes de partir a Nueva York, a Boytler haberle recomendado al célebre cirujano Phillip D. Wilson, creador de una técnica que consistía en fijar la parte posterior de la columna vertebral mediante injerto, placas y tornillos. Sería la novena operación ésta que le habrían de practicar en el hospital de cirugía Especial. Fue el traumatólogo mexicano Rafael Vázquez Bayod quien percibió que en la pintura varios elementos se repetían nueve veces. La cornamenta en la cabeza del venado con el rostro de Frida tiene nueve puntas, nueve son las flechas que se clavan en su cuerpo en medio de un bosque con nueve árboles, nueve son las ramificaciones en la rama trozada que aparece en el, suelo. ¿Por qué nueve? Lo dijo Vázquez Bayod después de repasar la historia clínica: era la novena operación que iba a padecer Frida, la cual pudo haber sido exitosa si ella se hubiera cuidado, pero no lo hizo.

El 30 de junio de 1946 le escribió a Gómez Arias:

Alex *darling*,

No me dejan escribir mucho, pero es sólo para decirte que ya pasé *the big* trago operatorio. Hace tres *weeks* que procedieron al corte y corte de huesores. Y es tan maravilloso este medicamen, y tan lleno de vitalidad mi *body*, que hoy ya procedieron al pren en mis *puer feet* por dos minutillos, pero yo misma no lo *belivo*. Las dos *first* semanas fueron de gran sufrimiento y lágrima, pues los dolores no se los deseo a *nobody* —son *buten* de estridentes y malignos—, pero ya en esta semana aminoró el alarido y con ayuda de *pastillámenes* he sobrevivido más o menos bien. Tengo dos cicatrizotas en *the* espaldilla en *this* forma (*dibujo*), procedieron al arranque del cacho de pelvis para injertarlo en la columnata, que es donde la cicatriz me quedó horripilante y más derechita. Cinco vertebrellas eran las dañadas y ahora van a quedar cual *riflamen*. Nada más que *the* latosidad es que tarda mucho el hueso para crecer y reajustarse y todavía me faltan seis semanas en cama hasta que me den *dialta* y pueda huir de esta horripilante *city* a mi amado Coyoacán. ¿Cómo estás tú? *Please* escríbeme y mándame *one* libraquito; *please don't forget me.* ¿Cómo está tu mamacita? Alex, no me abandones solita, solita en este maligno hospital y escríbeme.

En los años siguientes entró con desesperante frecuencia a los hospitales. Ella describió así esta etapa:

He estado enferma un año; 1950-1951. Siete operaciones en la columna vertebral. El doctor Farill me salvó. Me volvió a dar alegría de vivir. Todavía estoy en la silla de ruedas y no sé si pronto volveré a andar. Tengo el corsé de yeso que a pesar de ser una lata pavorosa, me ayuda a sentirme mejor de la espina. No tengo dolores. Solamente cansancio... y como es natural muchas veces desesperación. Una desesperación que ninguna palabra puede describir. Sin embargo tengo ganas de vivir. Ya comencé a pintar el cuadrito que voy a regalarle al doctor Farill y que estoy haciendo con todo cariño para él. Tengo mucha inquietud en el asunto de mi pintura. Sobre todo para transformarla, para que sea algo útil, pues hasta ahora no he pintado sino la expresión honrada de mí misma, pero alejada absolutamente de lo que mi pintura pueda servir al Partido. (*Se refiere al Partido Comunista; el carnet de afiliada de 1953 ha estado expuesto durante mucho tiempo en el Museo Frida Kahlo.*) Debo luchar con todas mis fuerzas para que lo poco de positivo que mi salud me deja sea en dirección de ayudar a la Revolución. La única razón real para vivir.

El 11 de febrero de 1954 escribe en su *Diario*:

Me amputaron la pierna hace seis meses, se me han hecho siglos de tortura y en momentos casi perdí la razón. Sigo teniendo ganas de suicidarme. Diego es el que me detiene por mi vanidad de creer que le puedo hacer falta. Él me lo ha dicho y yo lo creo. Pero nunca en la vida he sufrido más. Esperaré un tiempo...

Como si hubiera tratado de conjurar su obsesión suicida, el 24 de abril de 1954 escribe:

Salí sana. Hice la promesa, y la cumpliré, de jamás volver atrás. Gracias a Diego, gracias a Tere (*se refiere a Teresa Proenza, revolucionaria cubana y amiga entrañable que colaboró con el general Heriberto Jara y Elena Vázquez Gómez en la organización del Movimiento Mexicano por la Paz; posteriormente fue secretaria de Rivera hasta la muerte del pintor*), gracias a Gracielita y a la niña, gracias a Judith (*Judith Ferreto, costarricense, fue celosa enfermera y fidelísima amiga*), gracias a Isaura Mino, gracias a Lupita Zúñiga, gracias al doctor Ramón Parrés, gracias al doctor Glusker, gracias al doctor Polo, al doctor Armando Navarro, al doctor Vargas, gracias a mí misma y a mi voluntad enorme de vivir entre todos los que me quieren y para todos los que yo quiero. ¡Que viva la alegría, la vida. Diego, Tere, mi Judith y todas las enfermeras que he tenido en mi vida, que me han tratado maravillosamente bien! ¡Gracias al pueblo soviético, al pueblo chino, al checoslovaco y al polaco y al pueblo de México, sobre todo al de Coyoacán, donde nació mi primera célula que se incubó en Oaxaca, en el vientre de mi madre, que había nacido allí (*en el acta de nacimiento de Frida su madre figura como nacida en la Ciudad de México*), casada con mi padre Guillermo Kahlo, mi madre Matilde Calderón, morena campanita de Oaxaca. Tarde maravillosa que pasamos aquí en Coyoacán, cuarto de Frida-Diego, Tere y yo, señora Capulina, señor Xólotl, señora Kostic (*Los tres últimos nombres corresponden a los perros pelones que permanecían mucho tiempo junto a Frida y dormían a los pies de su cama.*)

Pictóricamente Frida representó su dolor en todas las versiones posibles: analíticas o simbólicas, líricas o burlescas. Extraordinaria retratista, la serie de sus autorretratos es un ejemplo admirable de la expresión intensiva pero nunca repetida de un mismo elemento. Colocados uno tras otros los dibujos y pinturas de su rostro cetrino y cejijunto, con su gran mata de pelo obscuro, sus labios agresivamente sensuales, la mirada alerta, la frente alzada y el ovalo rotundo, casi viril, su conjunto exalta —como posiblemente no lo haya hecho otra obra de arte en el mundo entero— la condición humana de ser uno mismo y siempre diferente, idéntico y cambiante.

DE SU TIEMPO ESTÉTICO Y SOCIAL

En 1947 el Instituto Nacional de Bellas Artes presentó una exposición de 45 autorretratos de pintores mexicanos desde el siglo XVIII al XX. Sólo cuatro mujeres participaron: María Izquierdo, Isabel Villaseñor, Olga Costa y Frida Kahlo. En la ficha biográfica de Frida figuraba como año de nacimiento 1910, y así se siguió escribiendo; inclusive Diego Rivera en una ficha biográfica escrita por él para una exposición de pintura mexicana en Lima, Perú, ponía como fecha de nacimiento el 7 de julio de 1910. Pero resulta que ese año no era el correcto y esto vino a saberse a causa de la llegada a México en 1981 de dos profesionales de la televisión de Alemania Federal; la libretista Gislind Nabakowsky y el camarógrafo Peter Nicolay, quienes realizaban una película de media hora para ser proyectada en la televisión germano occidental. Con el deseo de que en esa película aparecieran algunas novedades, le rogué al escritor Marco Antonio Campos que acompañara a los cineastas alemanes con su madrina Isabel Campos, la amiga íntima de Frida, madrina también del nonato Leonardo. Juntas habían cursado la escuela primaria en Coyoacán y la relación entre ellas fue permanente y de gran confianza. En el curso de la entrevista Isabel Campos le comentó a los alemanes que ese año 1910 era un error, pues Frida era un año menor que ella, nacida en 1906. Bastó consultar su acta de nacimiento para dar la razón a Isabel. La corrección de tres años habrá que continuarla porque no es poca la literatura que consigna la fecha alterada.

En otro orden de cosas, 1910 fue el año de consolidación de futurismo, muchos de cuyos postulados influyeron a los artistas mexicanos, en especial al doctor Atl, a David Alfaro Siqueiros y a los estridentistas. En 1909 los futuristas habían publicado el *Primer manifiesto del futurismo*; pero en 1910 divulgaron dos importantes y definitivos documentos: el *Manifiesto de los pintores futuristas* y el *Manifiesto técnico de la pintura futurista*. El primero, de estilo extremadamente literario y cargado de absurdos «poéticos», lo firmaba el cohete propulsor de ese movimiento; el escritor y poeta Felipe Tomás Marinetti. Ahora, en la era de la cosmonáutica, hay frases de aquel escritor que adquieren un sentido más premonitorio y menos absurdo: «Finalmente la mitología y el ideal místico están superados. Vamos a asitir al nacimiento del Centauro y pronto veremos volar los primeros ángeles». Y más adelante Marinetti clamaba:

¡Salgamos de la sabiduría como de una horrenda cáscara y lancémonos, como frutos fermentados de orgullo, en la boca inmensa y torcida del viento! ¡Seamos el pasto de lo desconocido, no ya por desesperación, sino solamente para colmar los pozos profundos de lo Absurdo!

Después venían algunas sentencias que hicieron historia y la siguen haciendo:

Nosotros afirmamos que la magnificencia del mundo se ha enriquecido con la belleza: la belleza de la velocidad. Un automóvil de carrera, con su radiador adornado de gruesos tubos parecidos a serpientes de aliento explosivo, un automóvil que ruge, que parece correr sobre la metralla, es más bello que la Victoria de Samotracia. Nosotros queremos celebrar al hombre que tiene el timón, cuyo eje ideal atraviesa la tierra, lanzada en la carrera, ella también, sobre el circuito de su órbita … Ya no existe la belleza fuera de la lucha. Ninguna obra que no tenga un carácter agresivo puede ser obra de arte … ¡Nosotros estamos sobre el promontorio extremo de los siglos! ¿Por qué deberíamos mirar hacia atrás si queremos echar abajo las misteriosas puertas de lo Imposible? El tiempo y el espacio murieron ayer. Nosotros ya vivimos en lo absoluto, porque ya hemos creado la velocidad eterna omnipresente … Nosotros queremos destruir los museos, las bibliotecas, las academias de todo tipo … Museos: ¡Cementerios! Idénticos, verdaderamente, por la siniestra promiscuidad de tantos cuerpos que no se conocen. Museos; ¡Dormitorios públicos, en los cuales se descansa siempre al lado de seres odiosos y desconocidos! Museos: ¡Absurdos mataderos de pintores y escultores que van matándose ferozmente a golpes de colores y líneas, a lo largo de paredes disputadas! Se deben visitar como en un peregrinaje una vez al año, igual que se va al cementerio el Día de los Difuntos. Esto lo concedemos. Que se vaya una vez al año a depositar un homenaje de flores delante de la Gioconda, lo concedemos.

Y con una euforia que después —y ahora— la reacción, el fascismo, el oscurantismo, el imperialismo agresivo y voraz convertiría en trágica realidad, el poeta italiano pedía:

> ¡Vamos! ¡Enciendan los estantes de las bibliotecas. Desvíen el curso de los canales para inundar los museos! ¡Oh, la alegría de ver flotar a la deriva, laceradas y desteñidas sobre aquellas aguas, las viejas telas gloriosas! ¡Agarren los picos, las hachas, los martillos y destruyan, destruyan sin piedad, las ciudades veneradas!

¿Habrá supuesto Marinetti que su llamamiento encontraría una respuesta tan contundente, tan amplia, tan grandiosa como el incendio de Londres, el bombardeo de Dresde, la destrucción de Hiroshima, el ecocido de Vietnam, el genocidio de Beirut, la aniquilación del pasado en museos y bibliotecas de Bagdad? Porque este *Manifiesto* producido antes de la Primera Guerra Mundial debió esperar la Segunda para ver museos y bibliotecas hechas polvo y la guerra de Vietnam para encontrar ciudades como Hue destruidas «sin piedad», no con martillos, hachas o picos, sino con bombas de alta potencia y efecto diverso, seguidas del latrocinio en los museos iraquíes. Cabe aclarar, para evitar equívocos, que el fascismo italiano en el poder no premió al futurismo, el cual arraigó en un sector de la vanguardia intelectual. Daba premios a un neoclasicismo recalentado, vacuo y ampuloso, o a un naturalismo obvio, como el que practicaba Afro antes de triunfar con ese abstraccionismo celestial o atmosférico que tanto influyó en otra creadora talentosa y desventurada de la pintura mexicana: Lilia Carrillo.

El *Manifiesto* de los futuristas lo firmaron cinco pintores de talento: Boccioni, Carrá, Russolo, Balla y Severini. Protestante, vehemente, moralizante en el fondo como todo lo futurista, contenía la expresión de una necesidad.

Nos rebelamos contra la admiración pasiva por las viejas telas, las viejas estatuas, los objetos viejos y contra el entusiasmo por todo lo que tiene comején, sucio, corroído por el tiempo, y consideramos injusto, delictivo, el habitual desprecio por todo lo que es joven, nuevo, palpitante de vida ... En el país de la estética tradicional toman vuelo hoy inspiraciones brillantes de novedad. Sólo es vital aquel arte que encuentra sus propios elementos en el ambiente que lo rodea. Como nuestros antepasados encontraron materia de arte en la atmósfera religiosa que dominaba sus almas, así nosotros debemos inspirarnos en los milagros tangibles de la vida contemporánea, en la férrea red de velocidad que envuelve la tierra, en los trasatlánticos, en la *Dreadnought*, en los vuelos maravillosos que surcan los cielos, en las osadías tenebrosas de los navegantes submarinos, en la lucha espasmódica por la conquista de los desconocido. ¿Podemos permanecer insensibles a la frenética actividad de las grandes capitales?

Aunque nacida al mismo tiempo que el futurismo, por instinto y por impulso intelectual poco militó Frida en esa corriente. La idea de vuelo, que está presente en muchas páginas de su *Diario*, casi no la identifica ella con máquinas voladoras (a veces algunos aviones), sino con la libertad del espíritu y los alcances ilimitados de la fantasía.

«Pies para qué los quiero, si tengo alas pa' volar», escribió alguna vez.

En la obra de Frida hay una sobredeterminación de lo real concreto, fenómeno que en sus cuadros se produce con sinceridad tan intensa que muchas cualidades absolutamente mexicanas de sus imágenes se universalizan.

En museos y colecciones privadas de San Francisco, Detroit y Nueva York, en libros y revistas que leía con avidez, Frida pudo analizar obras de las tendencias que entonces se abrían paso en Europa y Estados Unidos. Su desarrollada sensibilidad, su cultura plástica, su temprano acercamiento a derivaciones mexicanas del futurismo, así como su afecto por los realismos postfotográficos y los tradicionales relatos visuales en retablos y pinturas populares de transparente claridad invocativa alimentaron su ubicación estética; egocéntrica, cósmica, localista e intemporal, simbolista y limpia de cualquier decorativismo por apego a detalles superfluos. Frida intensificó al máximo sus limitadas fuerzas físicas en el trabajo pictórico. Ella aspiraba a vivir en un mundo menos espantoso. Lo expresó en su arte, en su actitud vital, en una línea de conducta que, de hecho, ensanchó límites de convivencia.

Denominador común de los pintores surrealistas es su gran deuda con tradiciones añejas y ser creadores de iconografías inconfundiblemente personales. Frida le debe mucho a los encantadores retratos fotográficos que se hicieron en México en la segunda mitad del siglo XIX; le debe también a los retablos que agradecen a Dios o a los santos la continuación de la vida a pesar de accidentes y otras desgracias, y le debe, más

que a nada y a nadie, al arte popular mexicano el orgullo señorial depositado en materiales deleznables, la fuerza monumental depositada en dimensiones pequeñas y el desparpajo
irónico ante lo macabro. Estos factores contradictorios son la
mejor prueba de su rebelión ante la adversidad. Vida y obra
como afirmación y reafirmación de lo viviente.

La idea que el origen del arte se encuentra en la enfermedad
o en la irritabilidad nerviosa es de origen romántico y a este respecto cabe recordar que el horizonte de lo moderno en arte se
abre con el Romanticismo y se ensancha con los movimientos
de vanguardia de fines del siglo XIX y primeras décadas del XX,
vanguardias que encontraron renuevos al calor del desarrollo
técnico y científico. También es de origen romántico el criterio de que las fuentes de la creación se encuentran en lo profundo del alma, en aquella región obscura, misteriosa, de la que
emergen los mitos y la fe religiosa. Artistas neuróticos los ha
habido siempre, mas el estado de ánimo neurótico propio del
Romanticismo sólo adquiere significación decisiva cuando el arte
deja de ser un asunto público. El sentimiento de su «inutilidad»
despierta en el artista tanto un exagerado concepto de sí como
un febril afán de originalidad y un narcisismo desmesurado.

Ni las sucesivas estancias en México de Antonin Artaud,
André Breton, Wolfgang Paalen, Tomás Moro, Benjamin
Péret; ni la decisión de quedarse aquí de Paalen, Alice Rahon,
Remedios Varo, Leonora Carrington, llegó a provocar la con-
formación de un capítulo mexicano del movimiento surrealista. Tampoco se dio nunca el agrupamiento de artistas que
siguieron trabajando en México dentro de esa corriente, o sin-

tieron afinidad con ella. Y eso que la práctica del surrealismo o las afinidades con él aparecieron en el arte mexicano antes del arribo de los fundadores y militantes del movimiento en Europa. O sea, no hay movimiento surrealista mexicano, pero sí hay arte mexicano surrealista, catalogable como tal después de someterlo a examen según la metódica clasificación hecha por Alfred H. Barr: imagen simple compuesta, doble imagen, obra en colaboración, perspectiva fantástica, animación de lo inanimado, metamorfosis, aislamiento de fragmentos anatómicos, confrontación de cosas incongruentes, milagros, anomalías, abstracciones orgánicas, máquinas fantásticas, pinturas de sueño, creación evocativa del caos, pinturas y dibujos automáticos o casi automáticos, composición obtenida por accidente artificial, combinación de objetos reales y pintados, objetos encontrados, objetos transformados, *collages*, *frottages*, alegorías, neorrealismo fantástico.

Confrontación de cosas incongruentes se encuentran en el retrato que Frida hizo en 1927 de Miguel N. Lira. Aunque Frida no catalogó ciertos cuadros suyos como surrealistas ni se ubicó voluntariamente dentro de esa corriente, hoy podemos hacer ambas cosas porque hay pinturas suyas que resisten ese análisis y porque ya entre 1931 y 1933 produce cuadros como *El aparador*, el retrato de Luther Burbank, *La cama volando*, *Autorretrato en la frontera de México y Estados Unidos*, *Mi nacimiento*, *Mi vestido cuelga ahí* y otros donde se combinan perspectivas fantásticas, animación de lo inanimado, aislamiento de fragmentos anatómicos, confrontación de cosas incongruentes, anomalías, alegorías, neorrealismo fantástico.

El hecho de que en México y en otros países de habla española se haya usado con más frecuencia la palabra suprarrealismo que surrealismo hay que achacárselo seguramente a Ramón Gómez de la Serna, quien adoptó el término suprarrealismo porque, decía, «no me gusta ver la barbarie de las dos erres tan mal casadas en la palabra surrealismo».

El caso es que ya para 1931 José Gorostiza, en un artículo para *El Universal Ilustrado* habla de tres pintores suprarrealistas: Carlos Mérida, Carlos Orozcó Romero y Agustín Lazo. El poeta adjudicaba la tendencia con poca precisión estética, pero no se equivocó porque en la pintura de Mérida, a partir de 1928, comienza a aparecer la doble imagen, la pintura de sueños; en Orozco Romero, las perspectivas fantásticas, la animación de lo inanimado, y en Agustín Lazo el neorrealismo fantástico, el *collage*, la metamorfosis.

André Breton vivió, de una u otra manera en el ojo de la tormenta cultural del siglo XX y despertó enconos diversiformes a nivel internacional. Un reflector muy directo sobre México para André Breton lo puso Luis Cardoza y Aragón cuando respondía una carta inquisitiva del surrealista francés sobre este país, carta que Cardoza reprodujo en el periódico *El Nacional* el 24 de abril de 1938, en los días en que Breton estaba llegando a México entre el ulular de protestas por parte de los proestalinistas y los expresos apoyos de quienes no comulgaban con los sectarismos de la Liga de Escritores y Artistas Revolucionarios y otros agrupamientos de similares tendencias. Cardoza había tejido frases como para despertar el apetito intelectual de Breton:

Siento en las entrañas la vida pasada de México, como a veces siento mis entrañas sobre la piedra de los sacrificios. Lo maravilloso es tejido con la misma materia que los días, los segundos y los siglos de México. Su misteriosa substancia forma lodos en el trajín de nuestros zapatos … Y es que México nos sobrepasa terriblemente, dolorosamente, infinitamente … la imantación que crea en el aire la imagen que de México nos forjamos … Estamos en la tierra de la belleza convulsiva, en la patria de los delirios comestibles … La supremacía de nuestra naturaleza, de nuestro tiempo, de nuestra realidad indígena, es tan avasalladora y orgullosamente inclemente que nos ofrece hasta una nueva muerte distinta de las otras muertes. México tiene su muerte como tiene su vida diferente de las otras vidas … México es, poéticamente, como un inmenso parque teológico, con sus dioses sueltos, con sus fuerzas sueltas … los ídolos y todos los generadores de amor y poesía saltan a su cielo … He necesitado de las matemáticas severas del idioma para bosquejar a México apresuradamente. Le he pesado sobre las alas de las mariposas.

Para saludar su presencia. *Letras de México*, que editaba Octavio G. Barreda, le dedicó gran parte del número del 1° de mayo de 1938, reproduciendo textos bretonianos traducidos para la ocasión por Xavier Villaurrutia, Agustín Lazo, César Moro, Emilio Adolfo Westphalen y José Ferrel. Diego Rivera aportó un muy buen dibujo a línea de la cabeza de Breton. Y fue Rivera quien se enfrentó a los opositores en el tonante artículo «Los cléricos estalinistas gepeuizantes y el caso del gran poeta André Breton» (*Novedades*, junio 24, 1938), dirigido al cortejo de limosneros elegantes, oportunistas, que se llaman a sí mismos «Sociedades de Amigos de la URSS», «Ligas de Escritores y Artistas Revolucionarios», «Asociaciones Procultura», etcétera. Toda la guardarropía ridícula que emplea el estalinismo.

Su protesta en concreto era la siguiente:

no es extraño que esa red de espías de la contrarrevolución internacional haya servido a maravilla para molestar, sabotear y tratar de esterilizar en México la siembra de belleza nueva del grano que nos traía André Breton. Este gran poeta está a mil leguas de ser un político. No es sino un gran artista, pero también es un hombre valiente y honesto, un verdadero y puro revolucionario en el arte. Sus búsquedas y sus descubrimientos conectan directamente a los productos de belleza con el materialismo dialéctico de Engels y Marx. También con los descubrimientos de Freud que dan la llave del conocimiento de la materia humana en todo un mundo nuevo en ella ... La persecución contra Freud. coincidiendo con la persecución contra Breton, son un suceso histórico de una importancia tal que sólo será percibida en una perspectiva profunda del tiempo.

Frida tenía diecisiete años, y aún no padecía el accidente que condicionaría su existencia, su temperamento y su arte, cuando André Breton publicó el primer *Manifiesto del surrealismo*. En 1938 Breton y su mujer Jacqueline convivieron con Frida Kahlo y Rivera en las casas gemelas de San Ángel Inn.

Aunque no fue mucha la simpatía que el poeta francés despertó en ella. Breton escribió el célebre artículo *Frida Kahlo de Rivera*, después del cual la mexicana quedó encasillada entre los pintores surrealistas, clasificación que fue refrendada durante la Exposición Internacional del Surrealismo que en los meses de enero y febrero de 1940 se presentó en la Galería de Arte Mexicano, organizada, por André Breton, Wolfgang Paalen y César Moro (Breton desde París, donde había regresado), en la que hubo «relojes videntes, perfume de la quinta dimensión, marcos radiactivos e invitaciones quemadas», además de la «aparición de la gran esfinge nocturna».

El crítico y pintor español Ramón Gaya, testigo del acto inaugural, escribió en el número dos de la revista *Romance* (febrero 15 de 1940):

Para inaugurar su nuevo local la Galería de Inés Amor ha reunido algunas obras de pintores *parisinos* que junto con algunas obras de artistas mexicanos forman una Exposición Internacional Surrealista de mucho interés. De mucho interés y … nada más. Anacrónica, sí, y por eso quizás de tanto interés para nosotros, puesto que su anacronismo, su distancia, su lejanía nos permiten encontrar eso que un poco vagamente veníamos ya sintiendo, y pensando respecto al surrealismo. En la fiesta inaugural, siendo como era materialmente imposible ver los cuadros expuestos, se veía, se comprendía, sin embargo, mejor que nunca lo que el surrealismo es ya; se descubría que esta exposición, como dijo alguien, nos resulta hoy demasiado tardía para ser presente y «demasiado próxima para ser historia». En una palabra, nos resulta vieja. Y en arte no puede, no debe existir la vejez. De ahí que toda la exposición, en conjunto, produzca esa impresión de escombros, de residuos, de objetos empolvados, de cenizas. Lo único vivo que hay allí es la personalidad, el espíritu poderoso de tal o cual pintor, revelándose en su obra no gracias al surrealismo, sino saltando, como salvándose de sus mismas ruinas … Tras la bonita pero sosa y débil aparición de la *Esfinge de la noche*, todo se desenvolvió en el más amable, cariñoso, bueno, burgués y normal de los ambientes. Nadie, por lo tanto, se sentía surrealista verdaderamente. Todo tenía el carácter de una visita muy cumplida que se le hiciera al surrealismo, pero no de un encuentro entrañable y fogoso … Ni siquiera estaba ese señor que sintiéndose insultado arremete furioso contra el surrealismo. No, el surrealismo ha perdido ya sus indignados enemigos, no hiere a nadie, se convirtió en algo casi color de rosa, en algo *chic*, en algo de buen gusto. Y cuando un movimiento de la violencia, la exageración y la extremidad del surrealismo pierde sus detractores, quiere decirse que ha perdido también su fuerza, su razón de ser … El surrealismo ha muerto tan sólo como lucha, como escuela, como desplante, como aviso; ha muerto, en fin, como movimiento. El movimiento cumplía con su deber; la lucha ha terminado. Ha terminado y ha vencido, porque conquistó para el arte cosas que ya no ha de perder posiblemente nunca. Y nos quedará, sin notarlo, un surrealismo esencial, profundo, sin espectacularidad ni gritos, muy por dentro. Pero en todas las guerras sucede algo semejante. De tanto guerrear y sufrir la guerra, los guerreros y las gentes todas terminan con una embriaguez que llegan a confundir la guerra misma con su finalidad, por eso hoy tenemos esa impresión tan fea cuando nos tropezamos con un poeta o pintor que son aún practicantes del surrealismo ortodoxo. Es como si no se hubieran dado cuenta que ha empezado la paz y siguieran con sus armas a cuestas. La beatería, la obcecación de esos poetas y esos pintores nos demuestra que nunca supieron verdaderamente del surrealismo y que el alistamiento en sus filas se debe, sobre todo, a que creyeron con toda ingenuidad, que luchaban por una causa completamente nueva; nos demuestra que esa beatería no es convicción profunda, sino esnobismo estúpido ... Hoy las señoras que hojean el *Vogue*, los señores de buen gusto que se encargan muebles surrealistas siguen, naturalmente, sin saber nada verdadero del surrealismo, pero les suena ya a cosa bonita. Encantándoles ese surrealismo color de rosa, sabrán, por lo menos, transigir con el otro, con el esencial, con el profundo.

En enero de 1940 Frida le informó a Muray: «El diecisiete se inaugura la exposición de pinturas surrealistas y todos en México se han convertido en surrealistas porque todos tomarán parte en ella, ¡¡Querido, este mundo está completamente alrevesado!!».

El comentario de Ramón Gaya, hecho al calor de los acontecimientos, es testimonio indispensable debido a su justa ubicación del acontecimiento, más aun cuando la Exposición Internacional del Surrealismo ha sido mitificada en exceso. Por sobrevaloración, los hechos y sus protagonistas han perdido realidad histórica.

La exposición reunió esculturas, dibujos, fotografías, reproducciones, pinturas, *frottages*, rayogramas, *collages*, objetos, grabados y calcomanías de Hans Arp, Hans Bellmer, Denise Bellon, Víctor Brauner, Manuel Álvarez Bravo, Serge Brignoni, Graciela Arcanis-Brignoni, Giorgio de Chirico, Salvador Dalí, Paul Delvaux, Óscar Domínguez, Marcel Duchamp, Max Ernst, Espinosa, Gordon Onslow Ford, Esteban Frances, Alberto Giacometti, Humphrey Jennings, Frida Kahlo, Wassily Kandinsky, Paul Klee, René Magritte, André Masson, Matta Echaurren, Joan Miró, Henry Moore, César Moro, Meret Oppenheim, Alice Paalen, Roland Penrose, Wolfgang Paalen, Francis Picabia, Pablo Picasso, Man Ray, Remedios, Diego Rivera, Kurt Seligman, Eva Sulzer, Yves Tanguy, Raoul Ubac, De la Landelle, Agustín Lazo, Manuel Rodríguez Lozano, Carlos Mérida, Guillermo Meza, Moreno Villa, Roberto Montenegro, Antonio Ruiz, Xavier Villaurrutia. De los mexicanos, sólo Frida, Rivera y Álvarez Bravo fueron catalogados en la sección internacional. A los demás se les agrupó como «pintores de México», después de los dibujos de alienados, del arte prehispánico, de las máscaras populares de Guadalajara y Guerrero, y después del que llamaron «arte salvaje», que comprendía máscaras de Nueva Guinea, de Nuevo Necklenburgo y esculturas africanas. Revoltura nostálgica reunida en torno a los objetos que los emigrados por las guerras en Europa habían traído a México.

Quien figuraba en aquel catálogo con el solo nombre de Remedios era entonces la esposa del poeta Benjamin Péret, que después se convertiría en la famosa pintora Remedios

Varo. Alice Paalen desarrolló en México su propia personalidad como Alice Rahon.

Frida participó en esa exposición con el muy conocido *Las dos Fridas* (1939) y el muy bello *La mesa herida* (obra perdida, según se dice, en bodegas de Rusia, pintada en 1940). Son las piezas de mayor tamaño que realizó Frida: el primero de 173.5 × 173 cm, y el segundo 121.6 × 245.1 cm.

Con anterioridad Frida había expuesto en muestras colectivas de importancia, como la inaugural de la Galería de Arte del Departamento de Acción Social de la Universidad Nacional Autónoma de México, que dirigía Julio Castellanos. Junto a obras de José Clemente Orozco, David Alfaro Siqueiros, Diego Rivera, Fermín Revueltas, Gabriel Fernández Ledesma, doctor Atl, Antonio Ruiz, Roberto Montenegro, Luis Ortiz Monasterio, Mardoño Magaña, Germán Cueto, Guillermo Ruiz, María Izquierdo, Juan O'Gorman, Federico Cantú, Jesús Guerrero Galván, Julio Castellanos, Agustín Lazo, Carlos Mérida, Rufino Tamayo, Carlos Orozco Romero y Alfredo Zalce, Frida presentó el cuadro titulado *Árbol genealógico* o *Mis abuelos, mis padres y yo*, óleo de 1936.

Esa exposición se consideró un verdadero suceso para el medio artístico. En el acto de apertura, celebrado el 23 de septiembre de 1937, Salvador Azuela, entonces jefe del Departamento de Acción Social de la UNAM, pronunció un discurso (publicado en el núm. 21, tomo IV de la revista *Universidad*, «mensual de cultura popular», de octubre de 1937, cuyo director era Miguel N. Lira). Azuela consideró que se daba otro paso para superar la esfera docente de la pura preparación profesional y desplazarse hacia la cultura, cuyo proceso se resuelve siempre en un acto creador.

Aspecto esencial en la formación espiritual del hombre es la educación de las emociones. Si alguna influencia social está dotada de contenido emotivo es la obra estética. Por eso ningún centro docente —menos una universidad— puede ser ajeno a esta modalidad de la formación humana. La más vigorosa manifestación de personalidad de nuestro pueblo apunta en nuestro movimiento pictórico contemporáneo, movimiento en el cual se alcanza mejor el sentido profundo de los acontecimientos conocidos bajo el rubro de Revolución Mexicana, orientada hacia la búsqueda de nuestra propia expresión.

En este acto de apertura de su Galería de Arte importa definir, con claridad, la interpretación universitaria de este nuevo trabajo que realiza nuestra institución. Los propios postulados que la Universidad estima como fundamento de su arquitectura espiritual serán norma de la Galería. En la Universidad Nacional se ha hecho bandera de lo que generalmente se conoce bajo el dictado de autonomía. Autonomía como capacidad para auto determinarse en la esfera de dirección de la cultura superior de la República, que significa una órbita privativa ante el poder público, no implica el concepto ni su realización, desconocimiento o actividad negativa del servicio público que las formas supremas de la educación del país constituyen. Autonomía, también, respecto de toda clase de organizaciones políticas, económicas, religiosas, artísticas e intelectuales. El pensamiento de la función universitaria, así concebido, se ha integrado en un ambiente en el que nadie puede ser coaccionado, que garantiza la más amplia posibilidad de adhesión o repulsa puntualmente a las posiciones doctrinales que se disputan la dirección del espíritu contemporáneo, que tiene cabal acogida en esta casa.

Los principios de la Universidad, la naturaleza misma del Instituto, presuponen una tarea política. La Universidad, ciertamente, hace política, pero la hace en el concepto platónico, aristotélico de la palabra, cumpliendo el deber de colaborar en el bien público, de intervenir en la orientación moral de la vida de la ciudad, no haciendo política electoral, facciosa o personal.

En esta Galería privará, pues, el criterio de mayor simpatía para todos los artistas, sin restricción de cenáculos o escuelas. La única barrera limitativa de la Galería, además de la jerarquía artística, será la misma que la Universidad se ha impuesto, la de no ser instrumento para realización de móviles de política militante.

En estas breves palabras debo decir que la Universidad rinde hoy homenaje al tipo de artista más respetable; al proscrito, al perseguido, al inadaptado, al que no entiende su arte desposeído de un sentido de permanencia trascendental, al que rehuye hacer el papel de cortesano en pobre actitud de halago a los poderosos, ligando su obra al éxito inmediato. Debemos expresar nuestra pleitesía a los artistas del tipo «de los grandes altivos que no han conocido señor ni bajeza».

La Universidad Nacional Autónoma de México entrega esta Galería a la generosidad, a la comprensión, al rango moral de los artistas mexicanos. Al inaugurarla debo decir, en nombre de la institución, nuestro voto por que la obra de los artistas de la República sea más mexicana, en la medida en que sea más universal y humana. ¿Porque qué es, qué ha sido siempre toda universidad, sino una aspiración de universalidad?

En noviembre de 1938, Frida encabeza con Diego Rivera la lista de casi un centenar de firmantes del documento dirigido «A los trabajadores de México» para informar del atentado que habían sufrido las pinturas murales que Juan O'Gorman realizara para la sala de espera del puerto Central Aéreo de la Ciudad de México. Por su importancia como testimonio de un momento crítico que vivía el país debe recordarse íntegramente, tal como se reprodujo en el núm. 3, del 1° de diciembre de 1938, de la revista *Clave*, «Tribuna marxista», cuyo cuerpo de redacción estaba integrado por Adolfo Zamora, José Ferrel y Diego Rivera.

Por orden expresa del subsecretario de Comunicaciones y Obras Públicas, Modesto Rolland y del jefe de Aeronáutica Civil, general L. Salinas, se cometió el acto vandálico de la destrucción de las pinturas de Juan O'Gorman en el Puerto Central Aéreo de México. Esta destrucción se llevó a cabo en una forma brutal, digna de la firma de un jefe de Estado totalitario, con toda la saña y odio a la cultura y al arte de que es capaz un ignorante autócrata, pasando por encima de los preceptos constitucionales de las garantías individuales y permitiéndose el lujo de burlarse de las normas de libertad de expresión establecidas por la lucha de las masas durante siglos. Tal parece que la mano del C. subsecretario Rolland está dirigida por Hitler.

¿Por qué obraron así los señores Rolland y Cía? El propio Rolland contesta esta pregunta en su oficio número 11/1905 del 7 de noviembre, dirigido al pintor O'Gorman, en el que dice textualmente: «Habiéndose permitido poner grabados con letreros a todas luces inmorales y haber también pintados cabezas con parecidos de jefes de gobiernos de Estado a quienes ninguna razón hay para insultar como usted lo ha hecho, volvemos a decirle por escrito que si no está usted dispuesto a borrar todo lo que estas pinturas tienen de inconveniente tendremos nosotros que hacerlo por su cuenta».

Uno de los letreros que el caballero Rolland mandó borrar era el siguiente: «Con la revolución comunista los proletarios no tienen nada que perder, como no sean sus cadenas y en cambio tienen un mundo que ganar». Carlos Marx y Federico Engels, del Manifiesto Comunista. Nuestro ilustre caballero calificó de inmoral esta cita, lo cual no nos extraña en boca del que fue portaestandarte y apóstol del impuesto único sobre la renta; pero lo que no se explica es cómo el general Cárdenas tolera en su gabinete a este distinguido señor.

Por lo que hace a las cabezas con parecidos de jefes de gobiernos de Estado a quienes ninguna razón hay para insultar, preguntamos a usted, don Modesto: ¿Por qué se adelantó usted a una reclamación diplomática? ¿Por temor a sus verdaderos jefes que más que Lázaro Cárdenas y Francisco J. Mújica son Hitler y Mussolini, por quienes usted tanto se inquieta? ¿Cree usted que habría algún ministro extranjero tan inteligente y perspicaz como usted que reclamara a México sabiendo que Hitler no tiene barbas y Mussolini no tiene cuernos? ¿Considera usted, señor subsecretario, que el arte en México debe estar bajo la tutela intelectual de alguno de esos jefes de Estado tan gratos a usted? ¿Por qué no dejó usted que el pintor O'Gorman, cuya firma aparecía en la pintura, cargara con la responsabilidad de sus propios actos? ¿Es que teme usted, señor subsecretario, perder algún subempleo de subordinado al subfascismo, con que la subburguesía mexicana sujeta al imperialismo trata de entregar a México al poder de los países totalitarios?

¿Cree usted, que no hay ninguna razón para insultar a quien ha mandado quemar los libros de Schiller, de Heine, de Marx y de Engels; a quien por el asesinato de un diplomático ha cobrado millones de marcos; al perseguidor del genio de la física moderna, Einstein; al perseguidor de los grandes artistas Paul Klee, Kandinsky y Jorge Grosz; a quien ha prohibido pintar al anciano, glorioso Libermann; al restaurador de la religión de Woltan y Thoor, cultor de la época de barbarie, a quien asegura acabar pronto con la raza de los filósofos alemanes, que han esclarecido al mundo, y a quien asegura que los obreros ya no tienen necesidad, de pensar porque el ministro nazi de Propaganda lo hace por ellos?

Posiblemente el modesto ingeniero Rolland, inventor de un famoso aparato para hacer tortillas, y de la multiplicación del suelo de la República Mexicana colgando huacales llenos de tierra en los árboles para plantar papas, se ha aturdido con el subpuesto que desempeña, acordándose ahora que lleva el nombre del heroico y célebre Par de Francia que partió una gran peña en Roncesvalles con su espada antes de morir. ¿Será realmente nuestro modesto inventor don Modesto descendiente de Rolland de Carlomagno?

Por los trabajadores que han sido reducidos a la esclavitud en los campos de concentración, atormentados y asesinados vilmente, los trabajadores mexicanos deben ver lo que significa que un subsecretario de Estado de México se declare desde el poder defensor oficioso de los enemigos del proletariado y por escrito hable en nombre del Estado mexicano en el tono de un capitalista que pisotea los derechos más elementales de la expresión del pensamiento. El proletariado debe ver en los actos de caballero Rolland, desgraciadamente hasta ahora respaldado por el silencio del Ejecutivo, del que fue uno de los fundadores del partido Comunista, Francisco J. Mújica, hoy jefe de Rolland, los actos de un enemigo de los trabajadores descarándose con un acto vandálico, típico de un poder policiaco totalitario, al destruir las pinturas del Puerto Central Aéreo, pinturas de un artista mexicano que defendían los intereses de la clase trabajadora.

Junto a Diego Rivera y Frida, firmaron, entre otros, Roberto Montenegro, Antonio Ruiz, Manuel Rodríguez Lozano, Carlos Orozco Romero, Ernesto García Cabral, Jesús Guerrero Galván, Fidencio Castillo, Francisco Zúñiga, María Izquierdo, Gabriel Fernández Ledesma, Feliciano Peña, José Chávez Morado, Raúl Cacho, Enrique Yáñez, Julio Prieto, Manuel Álvarez Bravo, Octavio Barreda, Octavio Paz, Ermilo Abreu Gómez, Elías Nandino, Julio Castellanos, Rosendo Salazar Álamo,

Neftalí Beltrán, Rodolfo Usigli, Salvador Novo, Germán Cueto, Carlos Chávez, Julio Bracho, Andrés Henestrosa, Rafael Solana, Agustín Yáñez y Frances Toor. Desde Estados Unidos se sumó a la protesta Rufino Tamayo.

Pero en verdad no se podría caracterizar la política hacia las artes del gobierno de Cárdenas al través de ese grave incidente. Cárdenas no había concebido el apoyó al desarrollo del arte (como ocurriría después en el periodo de Miguel Alemán) a manera de un mecenazgo ejercido más o menos arbitrariamente por el poderoso, buscando un voluntario equilibrio entre la demagogia populista y el arte para las élites, aplaudiendo simultáneamente la formación de valiosísimas colecciones particulares.

Cárdenas se negó a ser el modelo obligado de los encargos oficiales, como ocurriría en el periodo de Adolfo López Mateos, en los numerosos murales pintados en edificios del Instituto Nacional de la Juventud Mexicana, dependencia de la Secretaría de Educación Pública, donde en la composición plástica el presidente aparecía siempre brindando los beneficios de la cultura y el deporte a muchachos y muchachas de clases populares. Durante su mandato el acento de la producción artística se puso en las repercusiones sociales de la misma. Cárdenas le dijo a los artistas:

en un pueblo donde el porcentaje de analfabetas es muy alto, donde la clase obrera se está organizando, donde la lucha contra el imperialismo y por la liberación económica cobra vuelos, a la vez que se trata de reivindicar a los más desvalidos y se protege la libertad de expresión, los caminos de la cultura al servicio de las mayorías son muchos, recórranlos.

Si la libertad de expresión fue agredida de manera brutal en los murales de Juan O'Gorman, ello se debió o fue una de las muchas consecuencias del boicot impuesto a México por la expropiación petrolera. México, para sobrevivir, debió vender su petróleo a la Alemania de Hitler.

En un orden totalmente inverso se pueden situar las actividades de la Liga de Escritores y Artistas Revolucionarios (LEAR). Aunque fundada en 1933, fue en el lapso 1935-1938 cuando conoció su etapa más fecunda. Cómo olvidar que fue en 1937 cuando Leopoldo Méndez y sus compañeros fundan el Taller de Gráfica Popular, donde además de una cartelería vivaz que tapizaba y politizaba a la población de la capital y de todo el país, se editó en 1938 el formidable portafolio *La España de Franco*. Contenía quince litografías del más profundo expresionismo social realizadas por Raúl Anguiano, Luis Arenal, Xavier Guerrero y Leopoldo Méndez. El prólogo de ese portafolio estaba escrito con las palabras corrientes en el medio artístico durante el cardenismo:

> Un grupo de artistas mexicanos de trayectoria democrática y revolucionaria, al lado, como es natural, de la España republicana, ha necesitado expresar su adhesión auténtica al heroico pueblo español, realizando lo que se halla más dentro de sus posibilidades expresivas: un álbum de dibujos litográficos estampados en su taller de trabajadores de la

plástica. *La España de Franco* recoge una versión irónica, dramática a veces, esencial, suma de documentos ciertos de lo que ocurre en la España que dicen franquista, aunque sabemos bien que dominada transitoriamente por Alemania y por Italia. Los artistas que dibujaron sobre la piedra las estampas que aquí se muestran, quieren aprovechar la ocasión presente para afirmar su decisión de luchar, de seguir luchando contra el fascio asesino de las libertades populares.

Un año después, en 1938, la Secretaría de Educación Pública le encarga a Leopoldo Méndez la realización del álbum con siete litografías que, bajo el título común de *En nombre de Cristo*… reunía siete denuncias en las que el gran artista volcó una fuerza gráfica notable. Ahí Méndez dejó florecer en su espíritu la influencia de Orozco, y su inventiva rindió una gran riqueza expresiva puesta con profunda convicción al servicio de la lucha contra la reacción cristera; la que asesinaba sin piedad a maestros que el gobierno de Cárdenas había enviado sin catecismos ni mojigaterías a los más apartados poblados del país.

Fue en enero de 1937 cuando, con el más amplio apoyo de las autoridades, la LEAR pudo reunir en la Ciudad de México el Congreso Nacional de Escritores y Artistas; a1 que concurrieron como observadores e invitados especiales destacados intelectuales de países latinoamericanos y también representantes estadounidenses, entre los que estuvo Waldo Frank. En la asamblea de apertura uno de los discursos fue pronunciado por el cubano Juan Marinello, quien destacó el espíritu que permeaba la reunión:

Los hombres de pensamiento y de sensibilidad que van a debatir en esta asamblea están ya en la orilla de la justicia. Y no porque pertenezcan a un partido ni porque comulguen en una misma creencia. Ni preside a este Congreso una teoría política determinada ni los que lo convocan exigen una adhesión partidaria.

La Liga de Escritores y Artistas de México sólo pide, sólo puede pedir a los congresistas una simple honestidad de hombres. Sólo exige eso la LEAR, porque sabe que a la altura dilemática a que ha llegado la pugna del mundo hasta esa honestidad céntrica para decidir con justicia. En todo tiempo, en toda ocasión, han batallado en los grupos humanos dos corríentes contrarias y decisorias: la que quiere el mantenimiento de las limitaciones injustas y la que pretende, por obra de la razón y de los brazos, la caída de estas limitaciones.

Cupo a Waldo Frank señalar en aquella sesión inaugural del 17 de enero de 1937 el alcance de la gestión política cardenista:

Verdaderamente, sólo una nación del Hemisferio Occidental ha sido lo bastante sana y ha tenido la visión y la fuerza generosa para ponerse abiertamente del lado de la humanidad en la batalla que España está sosteniendo por todos nosotros. Ese país es México; y por ese solo hecho, así como por las realizaciones de su programa social, México marcha a la vanguardia de las naciones americanas.

Frida reaccionó de manera muy concreta ante el drama de España. El 17 de diciembre de 1936 le escribió al Dr. Leo Eloesser:

Aquí la situación política está de lo más interesante, pero lo que yo tendría ganas de hacer sería irme a España, pues creo que ahora es el centro de todo lo más interesante que pueda suceder en el mundo; hay aquí ahora una comisión de milicianos españoles que vinieron a México con el fin de reunir fondos para ayudar a los revolucionarios de Barcelona y de España en general, y nos cuentan la situación clara y precisa del movimiento antifascista de España que ha tenido repercusión en el mundo entero, ha sido de lo más entusiasta que ha habido la acogida que todas las organizaciones obreras de México ha tenido para este grupo de jóvenes milicíanos. Se ha logrado que muchas de ellas voten un día de salario para la ayuda de los compañeros españoles, y no se imagina usted la emoción que da ver con la sinceridad y el entusiasmo que las organizaciones más pobres de campesinos y obreros haciendo un verdadero sacrificio, pues usted sabe bien en qué miserables condiciones viven en los pueblitos esa gente, han dado sin embargo un día entero de haber para los que combaten ahora en España en contra de los bandidos fascistas. Hemos formado también un comité pro-ayuda económica a los milicianos españoles, en el comité estamos Diego, yo y muchos otros miembros de organizaciones revolucionarias obreras. Yo estoy dentro de la Comisión del Exterior, y debo ponerme en contacto con personas y organizaciones simpatizantes del movimiento revolucionario de España para reunir fondos. He escrito ya a Nueva York y a otros lugares y creo que lograré una ayuda que, aunque pequeña, significará, cuando menos, alimentos y ropa para algunos niños hijos de obreros que luchan en el frente en estos momentos. Yo quisiera suplicarle a usted que en lo posible hiciera usted propaganda entre los amigos de San Francisco para que aunque ayudaran con una mínima cantidad, hicieran ese esfuerzo en favor de la lucha que tan heroicamente están llevando a cabo millones de obreros en España. La ayuda que les pedimos es directamente para los niños españoles, así es que no tiene ningún matiz político, y esto facilitará muchísimo la buena voluntad de los que deseen ayudar. Yo me permito molestarle con esto sabiendo que usted entenderá fácilmente la situación y pondrá de su parte lo que usted pueda, sin que esto pueda significar mucha pérdida de tiempo y molestias para usted, pues aunque fuera una cantidad mínima que se lograra reunir, cada centavo significa pan y leche y ropa para miles de niños con hambre en España. Por eso le suplico que en los momentos que usted pueda, sin distraerse de su trabajo para nada, de día en día vea a todos los amigos y personas que usted crea que pueden ayudar aunque sea con un dolar para lo que le digo, y yo personalmente a nombre del Comité y muy especialmente a nombre de la Comisión de Milicianos, le agradeceríamos de veras su cooperación en este asunto. Le suplicaría fuera tan amable de decirme francamente lo que usted piensa a este respecto y si está usted de acuerdo en ayudarme en la forma que le digo, para que lo más pronto posible informara yo a la Comisión del resultado que pueda tener mi proposición.

Mil gracias le doy por anticipado por la molestia de leer esta carta que además de latas, le lleva mi cariño de siempre.

FRIEDA. FRIDITA

En aquel Congreso de la LEAR el músico Carlos Chávez había señalado:

> Así como los físicos produjeron un nuevo instrumento, los músicos producirán una nueva música. El artista debe ser actual y sólo tiene un medio de serlo: ahondar bien en la historia para extraer de ella la experiencia de las generaciones pasadas y conocer bien su mundo presente con todos sus desarrollos y recursos para poder interpretar fundadamente sus necesidades propias.

Fue a fines de los veinte y principios de los treinta cuando se consolidó la galería de exposiciones en el Palacio de Bellas Artes, cuya construcción iniciada en 1904 se concluyó entre 1932 y 1934, año este último en el que Orozco y Rivera pintan los murales del segundo piso. Dentro de sus peculiares estilos y concepciones ideológicas, ambos lograron un fuerte y muy alto contenido crítico. Orozco señalaba a quienes aprovechan el caos inicial en el cambio de estructuras para traicionar al pueblo, sobre todo a la clase obrera, y Rivera exaltaba el dominio que sobre la naturaleza adquiría el hombre en una sociedad estructurada con sentido materialista-dialéctico, en contraste con la irracionalidad e injusticias de la etapa imperialista del capitalismo.

Fue el presidente Cárdenas quien encargo a Rivera en 1935 que pintara el muro sur de la escalera del Palacio Nacional, *El México de hoy y del mañana*, donde representa la crítica más feroz que en mural alguno se haya hecho a las debilidades de la Revolución Mexicana a partir de las concesiones del presidente Plutarco Elías Calles, quien aparece ahí como socio prominente de la contrarrevolución. A la derecha de una miserable familia campesina que levanta una magra cosecha Diego representó a Frida y su hermana Cristina en el papel de divulgadoras de las doctrinas revolucionarias. Frida luce en el pecho un medallón con la estrella roja, hoz y martillo, y ambas estimuladas por dos niños (los modelos fueron Isolda y Antonio Pinedo Kahlo, los hijos de Cristina) hacen labor proselitista en pro de la revolución y contra enajenantes fanatismos, dando a conocer a la juventud proletaria y campesina los textos de Marx y Engels.

Después, en 1945, Diego pintó a Frida en el tianguis de Tenochtitlan de Palacio Nacional, como seductora Hetaira que enseña provocativamente la belleza de sus tatuajes a los viejos sacerdotes que la miran con lascivia, mientras le ofrecen en pago brazos y piernas de seres humanos. En 1940, en el mural para la Golden Gate International Exposition (*Unión de la expresión artística del norte y del sur en este continente*) Rivera la retrató como lo que era: la artista mexicana de origen europeo que busca en las tradiciones nativas su inspiración; cerca se autorretrató y retrató a Paulette Goddard sosteniendo ambos el árbol de la vida y el amor. Uno de los retratos más bellos que le hizo Diego es la Frida ocultista de *Sueños de una tarde dominical en la Alameda Central*, de 1947. A la derecha de Frida se ve a José Martí, el gran cubano, levantando el bombín para saludar. Delante de ella el propio Diego niño con pantalones cortos, medias rayadas, botines y las bolsas del saco repletas de ranas y otras alimañas, conducido de la mano por la *Calavera catrina* de José Guadalupe Posada. Detrás del muchacho regordete, sonriente y de ojos saltones, se ve a Frida vestida de tehuana, sosteniendo en su mano izquierda una pequeña esfera con los signos ying y yang, principios de la vida.

En 1928 Frida había pintado a su hermana Cristina, quien murió el 7 de febrero de 1964. Cristina fue una de las modelos predilectas de Rivera. Su figura inspiró dos de los desnudos monumentales que adornan el salón de honor de la que se llamó Secretaría de Salubridad. En 1929 posó primero para la figura del *Conocimiento*, calificado certeramente de idílico y malicioso. Después su cuerpo pequeño, de formas suaves y redondas, quedo representado en la *Vida*, la figura que desde el techo del salón mira hacia abajo. Bien se ha señalado que no hay voluptuosidad en las curvas de esos desnudos que simbolizan el conocimiento de la vida, la salud, la fuerza, la pureza y la continencia. Quien no conoció frente a Cristina la continencia fue Rivera, pues asumió sin remordimientos las consecuencias de un goce temporal. A pesar de ello Cristina siguió siendo, de las cuatro hermanas Kahlo-Calderón, la que más cerca estuvo de Frida. La cuidó con devoción, aligerando muchos instantes de su irremediable postración. Con los años el temperamento altruista de Cristina fue derivando hacia el ejercicio de la caridad, que ella concebía de manera singular y para cuyo cumplimiento, impuesto voluntariamente como obligación, contó con el apoyo del financiero Ricardo J. Zevada.

En los últimos años de su vida Cristina vivió retraída, molesta quizás por el disgusto que le había provocado el que Rivera dispusiera la antigua casa de los Kahlo, en Coyoacán, a la exclusiva memoria de Frida, destinándola al museo que llevaría su nombre, esto después de un pleito en tribunales que Cristina perdió.

Respecto de la libertad de expresión durante el régimen del presidente Lázaro Cárdenas, hay que advertir que éste no mandó borrar el mural *México de hoy y del mañana*, que al enjuiciar la Revolución Mexicana de hecho lo enjuiciaba a él, y ahí sigue esa crítica-autocrítica para advertencia de todos aquellos que a partir de 1935 ocuparon el sillón presidencial. El mural pareciera dar respuesta anticipada o ser un sustento ilustrativo de las declaraciones hechas por el general Plutarco Elías Calles y publicadas en *Los Angeles Times* el 2 de junio de 1936:

> Yo no estoy de acuerdo con las presentes tendencias comunistas de México ... No temo a las nuevas ideas, pero no creo que los principios sustentados por el presente gobierno sean ampliables a mi país ... un miembro del actual gabinete del Gobierno de México ha declarado que la industria sería controlada por los trabajadores ... Ello traería una seria reacción, un fascismo con militarismo dictatorial, y toda clase de dictaduras son malas.

A principios de 1939 comenzaron a regresar los mexicanos que habían combatido en España, entre ellos David Alfaro Siqueiros, teniente coronel del Ejército Popular de la República. Preocupado por las circunstancias que percibe en México, Siqueiros suscribe para la revista *Futuro*, que dirigía Vicente Lombardo Toledano, la siguiente declaración:

> Ni en Francia, ni en Inglaterra, ni en el Canadá, ni en los Estados Unidos (países que recorrimos en nuestro reciente viaje de retorno a México) hemos encontrado una prensa

más vulgar y villanamente embustera que la prensa facciosa de México. Su venta material a la facción retrógrada de la colonia española y a las agencias fascistas de Alemania e Italia, alcanza los límites de una verdadera traición a la propia nacionalidad mexicana. En cambio, las fuerzas de progreso y libertad se encuentran en absoluta y muy grave inferioridad física en cuanto a sus medios de divulgación.

Los ministerios y en general todas las dependencias del Gobierno están repletos de emboscados contrarrevolucionarios que conspiran incuestionablemente contra el propio gobierno del general Cárdenas.

Los desplazados de la burocracia, los malogrados de la politiquería, los «deshuesados» de todas las tonalidades políticas, se unen y organizan públicamente para ofrecer con descaro sus servicios mercenarios a los complotistas extranjeros de México y de las conquistas de su pueblo.

En la Universidad, en todos los sectores de Educación Pública, dentro del Ejército, dentro de la Policía, dentro de toda la estructura del Estado Constitucional de México, se realiza una sistemática campaña subversiva de naturaleza fascista.

En suma, los elementos de regresión social y perturbación de la paz se han desarrollado en México de manera gigantesca durante los dos años de nuestra ausencia, creando en la actualidad una situación muy semejante a la que existía en España en víspera del cuartelazo que ha sacrificado a un millón y medio de los mejores españoles y amenaza a España con un nuevo feudalismo y pone en peligro su independencia nacional.

Es, pues, urgente una inmediata y enérgica llamada de reunión a todas las fuerzas liberales del país. Sólo así podremos desviar la artera puñalada que se cierne sobre la espalda de nuestra patria.

Por ese entonces, Siqueiros, en estrecha colaboración con el artista español José Renau, aplicaba en el mural del Sindicato Mexicano de Electricistas —*Retrato de la burguesía*— muchos de los principios del futurismo. Para él la velocidad, las conquistas científicas, la premonición, el apego a realidades sociales visibles que hay que saber captar, eran valores operantes en el proceso de composición de una pintura. Siqueiros, como Umberto Boccioni y sus compañeros, argumentaba:

Puesto que queremos también contribuir a la renovación necesaria de todas las expresiones del arte, declaramos la guerra, resueltamente, a todos aquellos artistas y a todas aquellas instituciones que, aún disfrazándose con un traje falsamente moderno, permanecen en la tradición, en el academicismo y, sobre todo, en una repugnante pereza cerebral ... Todo se mueve, todo corre, todo transcurre con rapidez. Una figura nunca está fija delante de nosotros; aparece y desaparece incesantemente. Por la persistencia de la imagen en la retina, las cosas en movimiento se multiplican, se deforman, siguen como vibraciones en el espacio que recorren. Así, un caballo que corre no tiene cuatro patas, tiene veinte, y sus movimientos son triangulares ... La construcción de los cuadros es estúpidamente tradicional. Los pintores siempre nos han mostrado cosas y personas puestas delante de nosotros. Nosotros pondremos al espectador en el centro del cuadro.

Estos enunciados que los futuristas plantearon en su segundo *Manifiesto* de 1910, seguían siendo en 1939 los principios rectores de la creación siqueiriana. Por otro lado, como ocurrió con las vanguardias surgidas antes y después de la Primera Guerra Mundial, muchos artistas activos después de la Segunda procuraban aparecer como extravagantes y provocadores, aunque su ansia de originalidad, el exagerado concepto de sí mismos, el desmesurado subjetivismo no eran más que armas para la competencia dentro del gremio artístico, gremio que se sentía sometido a los riesgos del mercado artístico burgués abierto. La rivalidad es constante y va aparejada al pavor de salir derrotado en la lucha permanente por la existencia, el éxito y por un poder relativo. A partir del Romanticismo los artistas han querido ser inconfundibles, incomparables; pero ese querer es fruto de una necesidad. El capitalismo ha liberado y sigue liberando fuerzas artísticas enormes. Si al principio de su desarrollo le dio al artista nuevos sentimientos e ideas, ahora los enormes avances técnicos y científicos le ofrecen nuevos medios con los cuales expresarse. En buena medida éste es el motivo por el cual a partir de las vanguardias europeas no ha sido posible aferrarse rígidamente a cualquier estilo fijo y de lenta evolución. La ciencia va ensanchando su área más vertiginosamente que la invención artística. Como contrapartida, la orgullosa subjetividad, expresada por cualquier medio, reedita sentimientos apuntados en el ascenso de la burguesía, cuando el arte acumuló una gran fuerza crítica, una apasionada y contradictoria protesta contra el mundo burgués.

Las posiciones neodadaístas heredan del Romanticismo el ser un reflejo en el arte de la sociedad capitalista en crisis; siguen teniendo el carácter de revuelta pequeño burguesa contra reglas y modelos, y en pro de la inclusión de cuestiones vulgares. Esto suele llevarse a consecuencias extremas. Ya no hay temas ni materias privilegiadas, ni es el rostro de perfil o de frente el que da la presencia visible del yo. No hace falta que una obra artística sea autorretrato para expresar la personalidad de su creador. Desde el punto de vista iconológico el autorretrato parte de una materia primera que le permitirá al productor combinar elementos formales y simbólicos y construir la imagen con mayor carga subjetiva. En diversos periodos artísticos los autorretratos no abundan en cautelas y pudores, mientras que el narcisismo es quizás una de las cualidades más perdurables en el tiempo y también más frecuentes. En la representación plástica lo visible del yo pueden ser las nalgas, como en el autorretrato del mural que Diego Rivera pintó en la Escuela de Bellas Artes de California en 1931, o las piernas sumergidas en la tina del baño de *Lo que vi en el agua*, hecho por Frida en 1938.

Y de todos los rostros que el artista tiene, ¿cuál es el verdadero? Esta cuestión la planteó Juan O'Gorman cuando pintó en 1950 su mano que a su vez pinta su cuerpo de espaldas sentado frente al caballete con visera de tipógrafo; en la tela colocada en el caballete se autorretrató de tres cuartos, mientras un espejo a su derecha refleja la imagen supuestamente real, y a la izquierda él mismo como arquitecto de pie sostiene plano y escuadra, mientras un diablito aureolado se posa sobre su hombro para dar los últimos toques al rostro fidelísimo del modelo que es el propio O'Gorman, quien con ese notable autorretrato parecía revelar que él se oponía a la fragmentación de la vida. El artista en su soledad duda ante los diversos accesos que a tales o cuales especializaciones se le ofrecen. Acosado por la racionalidad invoca mitos ancestrales.

Cuando André Breton publicó en 1965 la versión revisada y corregida de su libro *Le Surréalisme et la peinture* (Editorial Gallimard), incluyó como capítulo, sin modificación alguna, el artículo «Frida Kahlo de Rivera» que había escrito en 1938, encontrándose en México, donde llegó con el auspicio del Ministerio de Relaciones Exteriores de Francia para dar algunas conferencias en la Universidad Nacional. Por esos días Diego y Frida estaban residiendo en las casas de San Ángel Inn, pues la de Coyoacán se la habían cedido generosamente a Trotsky desde el 11 de enero de 1937, quien vivió ahí hasta febrero de 1939, cuando el rompimiento de Rivera con él lo obligó a mudarse a otra casa, también en Coyoacán, en la calle de Viena. Breton y su mujer Jacqueline vivieron tanto con Diego y Frida como en el departamento de Lupe Marín.

El escrito de Breton sobre la pintura de Frida debe ser sometido a revisión pues está excedido en apreciaciones pintoresquistas y aun naturalistas que no corresponden a las pautas de producción que normaban la mejor pintura mexicana de entonces. Breton no supo ver México con la agudeza de un Eisenstein o de un John Reed o de un B. Traven. Breton (el europeo, el francés) estaba despegado, separado de los intereses del mundo emergente y murió en pureza de incomprensión de ciertos fenómenos, a pesar de que alguna vez firmó documentos conjuntamente con León Trotsky. ¡Qué deslumbrada le dieron los huipiles, el quechquemitl, los huaraches, las cambayas, el sarape, los estambres trenzados con el cabello...! La joyería prehispánica o popular —que Frida solía lucir con prestancia y gracia creativa— le produjo ceguera temporal. El jade, la obsidiana lo intoxicaron. Como que se le olvidó el contenido de su primer *Manifiesto* de 1924, en el que reclamaba: «La actitud realista, inspirada en el positivismo de Santo Tomás a Anatole France, me parece más bien hostil a toda expansión intelectual y moral. Me horroriza porque está hecha de mediocridad, de rencor, de chata suficiencia».

Breton vio lo aparente, pero no subrayó lo más sobresaliente de la personalidad de Frida Kahlo; lo humano y lo artístico indivisiblemente unidos: una consecuencia constante entre sueño y vigilia, entre vigilia y sueño. ¿Un caso para el psicoanalista? Los psicoanalistas deben haber tenido muchos pacientes con problemas físicos y espirituales como los de Frida, pero quizás encuentren muy pocos artistas que hayan podido sublimar un dolor personal en arte, el cual bien puede ser apreciado sin referencias anecdóticas, aunque en este caso la biografía en sí misma posea la fascinación de una obra de arte.

Frida fue una surrealista más ortodoxa de lo que el propio Breton se atrevió a reconocer, pues le dio a su arte la calidad de una partícula armónica dentro de un contexto secular mexicano. Esto lo señaló Rivera en el mejor artículo que escribió sobre ella («Frida Kahlo y el arte mexicano», *Boletín del Seminario de Cultura Mexicana*, Secretaría de Educación Pública, tomo I, núm. 2, octubre de 1943, p. 89 y siguientes), donde no se atrevió a mencionar el término surrealismo. Rivera calificaba el arte de Frida como «realismo monumental»; pero en el desdoblamiento que hizo de este concepto situó el hacer de Frida en el más puro terreno surrealista.

El materialismo ocultista está presente en el corazón cortado en dos, la sangre fluyente de las mesas, las tinas de baño, las plantas, 1as flores y las arterias que cierran las pinzas hemostáticas del autor ... Colectivo-individual es el arte de Frida, Realismo tan monumental que, en su espacio todo, posee N dimensiones; en consecuencia, pinta al mismo tiempo el exterior, el interior y el fondo de sí misma y del mundo ... Para Frida lo tangible es la madre, el centro de todo, la matriz; mar, tempestad, nebulosa, mujer. Y Frida es el único ejemplo en la historia del arte de alguien que se desgarró el seno y el corazón para decir la verdad biológica de lo que siente en ellos. Pintó a su madre y a su nodriza, sabiendo que en realidad no conoce su rostro; el de la nana nutridora sólo es máscara india de piedra dura, y sus glándulas racimos son que gotean leche como lluvia que fecunda la tierra, y lágrima que fecunda el placer; y el de la madre, *mater* dolorosa con los siete puñales del dolor que hace posible el desgarramiento por donde emerge la niña Frida, única fuerza que, desde el portentoso maestro azteca que esculpió el basalto negro, ha plasmado el nacimiento en su misma y real acción. Nacimiento que produjo la única mujer que ha expresado en su obra de arte los sentimientos, las funciones y la potencia agresiva de la mujer con *kalisteknika* insuperable.

En el primer *Manifiesto* del surrealismo, describiendo al hombre de su tiempo, André Breton decía:

Si conserva alguna lucidez, entonces no puede dejar de mirar hacia su infancia, la cual, por muy dura que haya sido y torturada por sus educadores, no le parecerá menos rica en encantos. La ausencia en ella de toda constricción le deja la perspectiva de muchas vidas vividas a la vez ... El juicio a la actitud realista ha de hacerse después del juicio a la actitud materialista. Esta última, más poética que la precedente, implica un orgullo ciertamente monstruoso, por parte del hombre, pero nunca una nueva y más completa degradación. En ella hay que ver, antes que nada, una feliz reacción a ciertas tendencias ridículas de espiritualismo. Además, no es incompatible con cierta altura de pensamiento ... Gracias a los descubrimientos de Freud se manifiesta por fin una corriente de opiniones en virtud de las cuales la investigación humana podrá llegar más lejos, finalmente autorizada a tener en cuenta algo más que realidades someras. La imaginación está tal vez a punto de recobrar sus derechos. Si las profundidades de nuestro espíritu cobijan extrañas fuerzas capaces de aumentar las de la superficie, o de luchar victoriosamente contra ellas, es justo captarlas; captarlas primero, para luego someterlas.

¿Y no fue exactamente esto lo que hizo Frida Kahlo por medio de su «autorretrato» recurrente, como lo denominó Diego Rivera? Ella buscó en lo profundo de su ser las fuerzas que aparentemente no tenía. Que iba saliendo victoriosa de la empresa lo fue demostrando en las innumerables imágenes de sí misma, en las que su rostro revela cada vez un ser diferente. Breton dijo: «El hombre propone y dispone. De él depende que se pertenezca a sí mismo, o sea, que se mantenga en el estado anárquico de la manada cada día más temible de sus deseos». ¿No fue esta disciplina a la que Frida se sometió voluntaria, y persistentemente, sin tener necesidad. para ello del dogma del *Primer manifiesto del surrealismo*?

Es curioso que nadie discuta la condición de pintor surrealista de Salvador Dalí, por ejemplo, artista notable, sí, pero máximo exponente de frivolidad y veleidades dedicadas a una burguesía advenediza, y se duda todavía para situar la obra de Frida en esa corriente, cuando en toda ella esplende una extralógica reconciliación con todo lo poético y amoroso del ser humano. En sus pinturas y dibujos, las precisiones naturalistas de su rostro, de las plantas, de los animales, de las cerámicas antiguas o de los trajes regionales mexicanos, no son más que contrapuntos de una imaginación desbordada que ha roto los límites de la realidad convencional, y no los ha roto para asustar a los bobos o los burgueses, sino por una necesidad profunda de asir una realidad más perdurable. El hecho de que Frida se haya tomado como sujeto casi constante de sus cuadros hace que muchos consideren que su pintura no es más que una larga autobiografía. Hay muchos elementos autobiográficos, sí; pero éstos nunca aparecen con simple calidad confesional sino como relación supraobjetiva de algo que se conoce muy profundamente, tanto que puede ser sometido a disección sin desbaratarse.

Los autorretratos de Frida son el fruto de una inmersión despiadada en el subconsciente para encontrar, quizás, las respuestas que la vida cotidiana no le podía dar, repleta como estaba de olor a medicinas y a estupefacientes. En una minuciosa catalogación del surrealismo en las artes plásticas, sus pinturas tendrían que resaltarse en sitio destacadísimo dentro del casillero del surrealismo trágico y austero, un surrealismo que para ella fue una tabla de salvación en una larga agonía.

Durante la permanencia de Breton en México se pretendió fundar una Federación Internacional de Arte Revolucionario Independiente, con base en un manifiesto cuyo lema sería: «aquello que deseamos es: la independencia del arte por la revolución: la revolución por la liberación definitiva del arte». Un párrafo de ese manifiesto (producto de largas discusiones entre Trotsky, Diego Rivera y Breton) afirmaba que el artista es aliado natural de la revolución en virtud de las represiones que le son impuestas por la falta de armonía de la sociedad burguesa, de modo que la salvaguarda de su mundo interior aparecía como la salvación de todos los hombres, como una necesidad de emancipación.

En *Le Surréalisme et la peinture* de 1965, además del artículo dedicado a Frida, aparece el que Breton escribió sobre Rufino Tamayo en 1950, y los dos dedicados a Wolfgang Paalen en 1938 y 1950. Para esta última fecha las posiciones estéticas de Breton habían cambiado. En el artículo sobre Tamayo, refiriéndose al arte de función social, expresa:

La voluntad de subordinar la pintura a la acción social se manifestó primero en México, a partir de 1920, y respondió a la iniciativa de artistas aislados, dotados por otra parte de poderosos medios de expresión. El recuerdo vivaz de la revolución mexicana de 1910 ofrecía un terreno ideal a la exaltación de las esperanzas incubadas por la revolución rusa de 1917, en un país por lo demás más ardiente que ningún otro.

Breton sostiene que el excesivo arraigo nacional condujo a la decadencia y que Tamayo aparece justamente en el punto neurálgico de las circunstancias más difíciles para reabrir las vías de la gran comunicación que la pintura, como lenguaje universal, debe sostener entre los continentes, logrando una base de unificación a través de una diversificación de los vocabularios resultantes de la investigación técnica. Es decir, de la chispa revolucionaria no quedaba ni el menor destello, como no quedó memoria de Breton en el camino artístico de Frida.

Podría pensarse que su retrato recurrente fue la expresión de la angustia o la frustración; pero en verdad Frida Kahlo acudió al asunto de su tragedia por serle el más conocido, el más entrañable, el obsesivo. A través de él o por su intermedio estampó en algo más de cien telas, casi todas de tamaño reducido, y no pocos dibujos (incluidos los del *Diario*), su afirmación vital, su pujanza, la finísima amplitud de su imaginación. El ser corpóreo de su pintura equivale a una escritura donde los tonos, la materia, el trazo de sus contornos son los términos de un lenguaje efusivo, dignificante, enaltecedor.

Junto a Rivera, Frida fue creciendo y encontrándose. La previsión de él se cumplió; Frida Kahlo se convirtió en uno de los mejores pintores de México. El primero en reconocerlo, en proclamarlo fue el propio Rivera, y nadie como él supo ubicar la obra de ella dentro del panorama plástico de México.

Cuando en mayo de 1953 conocí a Rivera en Santiago de Chile, a donde fue en representación de México, junto con el historiador José Mancisidor, al Congreso Continental de la Cultura que presidió Pablo Neruda, le pregunté por Frida.

Está muy enferma —me contestó—, casi inconsciente. Es una gran pintora. Me he asustado al mirar todos sus cuadros reunidos hace poco en una gran exposición, es una artista fuerte, valiosa, profunda. La única carta que me escribió Picasso en su vida fue a raíz de una exposición de cuadros de Frida en París. La carta decía; Ni Derain ni yo ni tú somos capaces de pintar una cabeza como las de Frida Kahlo.

Interrogar a Rivera sobre algo que le interesaba era cuestión de tomar lápiz y papel y apuntar textualmente lo que él dictaba, incluyendo signos de puntuación. Se expresaba con tal certeza que hubiera resultado sacrílego alterar siquiera una palabra. Mientras el tren corría de Santiago hacia el sur en la loca geografía chilena, llevando a un grupo de congresistas que visitaría la Universidad de Concepción, Diego, el admirador de la mujer, que prefería la amistad con mujeres y consideraba que ellas cambiarían el futuro de la humanidad, agregando con socarronería que el hombre, el macho, es un accidente, un agregado circunstancial, un capricho en la evolución de las especies, me dictó pacientemente su opinión sobre Frida Kahlo:

Varios críticos de diversos países han encontrado que la pintura de Frida Kahlo es la más profunda y popularmente mexicana del tiempo actual. Yo estoy de acuerdo con esto. En México hay una pintura poco conocida, humilde en sus dimensiones físicas y pretensiones de contenido. Son pequeñas láminas de metal o madera sobre las que se ha pintado el milagro con que algún santo, virgen o Dios favorece a una o varias personas, y para dejar testimonio en el santuario correspondiente se pintan estos pequeños cuadros. Sus autores siempre han sido anónimos; unas veces profesionales y otras —no pocas, por cierto— los beneficiarios mismos del milagro. Esta pintura, que está encargada por gente pobre, se paga poco, y el impulso que la anima a realizarla es enteramente puro y despojado de pretensiones, tanto por parte del artista como por quienes encargan las obras. Estos retablos forman indudablemente la expresión pictórica más genuina en la base del pueblo mexicano, sobre todo de sus mayorías campesinas. Con motivo de los milagros se han pintado todas las facetas de la vida de este pueblo.

Entre los pintores cotizados como tales en la superestructura del arte nacional, el único que se liga estrechamente, sin afectación ni prejuicio estético sino, por decirlo así, a pesar de él mismo, con esta pura producción popular es Frida Kahlo. Las características plásticas de absoluta sinceridad y expresión completamente directa de esos retablos, entre los que hay muchas obras maestras, son los mismos que en los cuadros de Frida Kahlo. Por eso, quien estima su pintura como la más genuinamente mexicana, indudablemente tiene razón.

Por otra parte, es la primera vez en la historia del arte que una mujer ha expresado cor franqueza absoluta, descarnada y, podríamos decir, tranquilamente feroz, aquellos hechos generales y particulares que conciernen exclusivamente a la mujer. Su sinceridad, que quizás llamaremos a la par tiernísima y cruel, la ha llevado a dar de ciertos hechos el testimonio más indiscutible y cierto; por eso ha pintado su propio nacimiento, su amamantamiento, su crecimiento en la familia y sus terribles sufrimientos de todo orden, sin llegar jamás a la más ligera exageración o discrepancia de los hechos precisos, conservándose realista, profunda, como lo es siempre el pueblo mexicano y su arte, hasta en los casos en que generaliza los hechos y sentimientos, hasta llegar a una expresión cosmogónica de ellos. La expresión personal de esos hechos y sentimientos hasta lo óseo de su verdad, hacen que la referencia a ella misma, por su exactitud e intensidad, llegue siempre al plano y la extensión universales y a tener un papel social que nos atreveríamos a llamar poéticamente didáctico y rigurosamente dialéctico.

Frida Kahlo es en realidad un ser maravilloso, provisto de una fuerza vital y un poder de resistencia al dolor mucho más allá de lo normal. A este poder está unida, como es natural, una sensibilidad superior, de una fineza y susceptibilidad increíbles. Correspondiendo a este temple nervioso, sus ojos tienen una retina igualmente excepcional. La microfotografía de esa retina acusa carencia de papilas, lo cual da por resultado que los ojos de Frida miren como la lente de un microscopio. Ve mucho más allá, dentro del infinito mundo pequeño, de lo que nosotros vemos, y eso se une a su poder de penetración implacable de las ideas, intenciones y sentimientos de los demás. Si sus ojos tienen poder de microscopio, su cerebro tiene la potencia de un aparato de rayos x que marcara en opaco y claro la criatura del ser sensitivo-intelectual que ella observa. Esto le da una gran posibilidad de creación imaginativa dentro de una realidad que, sin dejar de serlo, se exalta hacia una maravillosa fantasía lógica, dentro del dominio de lo inesperado y de la sorpresa de conexiones dialécticas tan insospechadas como indiscutibles.

Aunque su pintura no se extienda sobre las grandes superficies de nuestros murales, por su contenido en intensidad y profundidad, más que el equivalente de nuestra cantidad y calidad, Frida Kahlo es el más grande de los pintores mexicanos y su obra está llamada a multiplicarse por la reproducción. Y si no habla desde los muros, hablará desde los libros a todo el mundo. Es uno de los mejores y mayores documentos plásticos y más intensos documentos verídicos humanos de nuestro tiempo. Será de un valor inestimable para el mundo del futuro.

Tal contenido no podía menos de influir en la forma del contensor, y ser influido por las características de éste. Por eso Frida Kahlo es una mujer extraordinariamente bella, no de una belleza común y corriente, sino tan excepcional y característica como lo que produce. Frida manifiesta su personalidad en su tocado, en su manera de vestir, en su opulento gusto por adornarse con joyas más extrañas y bellas que ricas. Ama los jades milenarios y viste el huipil y el traje de tehuana con falda de olán planchado que usaron y usan las mujeres de Tehuantepec y Juchitán en Oaxaca, las que hablan el zapoteco y el mixteco. En su manera de vestir es la encarnación misma del esplendor nacional. Jamás ha traicionado su espíritu, y su afirmación nacional la llevó a

Nueva York y a París, donde los altos valores admiraron sus obras y los modistas lanzaron la moda *Robe Madame Rivera.*

El 6 de noviembre de 1947 se inauguró en el Palacio de Bellas Artes una instalación a la que se le puso el nombre de Museo Nacional de Artes Plásticas. La obra de Frida estuvo expuesta en 1a Gran Galería Exterior junto a Julio Ruelas, Saturnino Herrán, doctor Atl, Goitia, Rivera, Montenegro, María Izquierdo, José Clemente Orozco, Juan O'Gorman, Pablo O'Higgins, Juan Soriano y otros.

En 1948 se constituyó la Sociedad para el Impulso de las Artes Plásticas que se proponía

impulsar todas las modalidades de la creación plástica en un movimiento de unidad en la búsqueda de las formas que correspondan en nuestra época al concepto integral de la obra de arquitectos, pintores y escultores, perdido fundamentalmente en Europa desde la época del Renacimiento y en América desde la época colonial española.

Se proponía también

impulsar, en su conjunto, el movimiento contemporáneo de la producción pictórica, escultórica y arquitectónica por nuevas y actuales formas de expresión que correspondan a la vigorosa capacidad creadora del pueblo, manifiesta en todas las épocas del México antiguo y moderno, teniendo siempre en cuenta su rica tradición plástica de formas y conceptos apenas conocidos, poco o nada utilizados y comprendidos, con el objeto fundamental de contribuir al desarrollo cultural y al progreso e independencia de la nación mexicana.

Se comprometían a promover

el interés general de las autoridades del país y el público en general para lograr el establecimiento de bases sólidas de estímulo moral y económico que permitan un mayor desarrollo de la producción individual y colectiva de los artistas mexicanos, que en la mayoría de los casos es producida en un ambiente de privaciones y penuria económica, sin los estímulos con que cuentan otros profesionales cuya labor es reconocida y retribuida por la sociedad, teniendo en cuenta que la obra del artista es una de las mejores aportaciones a la cultura y prestigio de la nación. Pintores, arquitectos, escultores, diseñadores, grabadores, cinematografistas y fotógrafos mexicanos y extranjeros estamos uniendo nuestras fuerzas y experiencias individuales para la solución de problemas comunes, tanto estéticos como económicos. Dentro de la organización tienen cabida todos los puntos de vista estéticos o técnicos, respetándose el derecho de sus componentes a manifestar sus opiniones en favor o en contra de cualquier tendencia artística.

Una de las primeras actividades de la Sociedad para el Impulso de las Artes Plásticas fue organizar una exposición colectiva en la que Frida participó con Rosa Castillo, Federico Canessi, José L. Ruiz, Francisco Zúñiga, Miguel Prieto, Luis Arenal, Olga Costa, Angelina Beloff, Fernando Castro Pacheco, Jesús Guerrero Galván, Juan O'Gorman, José Chávez Morado, José García Narezo, Raúl Anguiano y José Gutiérrez. En 1949, con *El abrazo de amor entre el Universo, la Tierra, yo, Diego y el señor Xólotl*, Frida participó en la exposición inaugural del Salón de la Plástica Mexicana. También en 1949 el Instituto Nacional de Bellas Artes le rinde homenaje a Rivera por los cincuenta años de su labor artística con una gran exposición en el Palacio de Bellas Artes, para la cual se elaboró un gran libro catálogo. A solicitud de Susana y Fernando Gamboa, los organizadores, Frida escribió un *Retrato de Diego*, que éste celebró con asombro y regocijo.

Advierto que este retrato de Diego lo pintaré con colores que no conozco: las palabras, y por eso, será pobre; además quiero en tal forma a Diego que no puedo ser «espectadora» de su vida sino parte, por lo que —quizás— exageraré lo positivo de su personalidad única, tratando de desvanecer lo que, aun remotamente, puede herirlo. No será esto un relato biográfico: considero más sincero escribir solamente sobre el Diego que yo creo haber conocido un poco en estos veinte años que he vivido cerca de él. No hablaré de Diego como de «mi esposo», porque sería ridículo. Diego no ha sido ni será «esposo» de nadie. Tampoco como de un amante, porque él abarca mucho más allá de las limitaciones sexuales, y si hablara de él como de un hijo, no haría sino describir o pintar mi propia emoción, casi mi autorretrato, no el de Diego. Con esta advertencia, y con toda limpieza, trataré de decir la única verdad, la mía, que esboce, dentro de mi capacidad, su imagen.

SU FORMA. Con su cabeza asiática sobre la que nace un pelo oscuro, tan delgado y fino que parece flotar en el aire, Diego es un niño grandote, inmenso, de cara amable y mirada un poco triste. Sus ojos saltones, oscuros, inteligentísimos y grandes, están difícilmente detenidos, casi fuera de las órbitas, por párpados hinchados y protuberantes como de batracio, muy separados uno del otro, más que otros ojos. Sirven para que su mirada abarque un campo visual mucho más amplio, como si estuvieran construidos especialmente para un pintor de los espacios y las multitudes. Entre esos ojos, tan distantes uno del otro, se adivina lo invisible de la sabiduría oriental, y muy pocas veces desaparece de su boca búdica, de labios carnosos, una sonrisa irónica y tierna, flor de su imagen.

Viéndolo desnudo, se piensa inmediatamente en un niño rana, parado sobre las patas de atrás. Su piel es blanco-verdosa, como de animal acuático. Solamente sus manos y su cara son más oscuras, porque el sol las quemó.

Sus hombros infantiles, angostos y redondos, se continúan sin ángulos en brazos femeninos, terminando en unas manos maravillosas, pequeñas y de fino dibujo, sensibles y sutiles como antenas que comunican con el universo entero. Es asombroso que esas manos hayan servido para pintar tanto y trabajen todavía infatigablemente.

De su pecho hay que decir que: si hubiera desembarcado en la isla que gobernaba Safo, no hubiera sido ejecutado por sus guerreras. La sensibilidad de sus maravillosos senos lo hubieran hecho admisible. Aunque su virilidad, específica y extraña, lo hace deseable también en dominios de emperatrices ávidas de amor masculino.

Su vientre, enorme, terso y tierno como una esfera, descansa sobre sus fuertes piernas, bellas como columnas, que rematan en grandes pies, los cuales se abren hacia fuera, en ángulo obtuso, como para abarcar toda la tierra y sostenerse sobre ella incontrastablemente, como un ser antediluviano, en el que emergiera, de la cintura para arriba, un ejemplar de humanidad futura, lejana de nosotros dos o tres mil años.

Duerme en posición fetal y durante su vigilia se mueve con lentitud elegante, como si viviera dentro de un medio líquido. Para su sensibilidad, expresada en su movimiento, parece que el aire fuera más denso que el agua.

La forma de Diego es la de un monstruo entrañable, al cual la abuela, Antigua Ocultadora, la materia necesaria y eterna, la madre de los hombres y de todos los dioses que éstos inventaron en su delirio, originado por el miedo y el hambre, LA MUJER, entre ellas —YO— quisiera siempre tenerlo en brazos como a su niño recién nacido.

SU CONTENIDO. Diego está al margen de toda relación personal limitada y precisa. Contradictorio como todo lo que mueve a la vida, es a la vez caricia inmensa y descarga violenta de fuerzas poderosas y únicas. Se le vive dentro, como a una semilla que la tierra atesora, y fuera, como a los paisajes. Probablemente algunos esperan de mí un retrato de Diego muy personal, «femenino», anecdótico, divertido, lleno de quejas y hasta de cierta cantidad de chismes, de esos chismes «decentes», interpretables y aprovechables según la morbosidad de los lectores. Quizás esperen oír de mí lamentos de «lo mucho que se sufre» viviendo con un hombre como Diego. Pero yo no creo que las márgenes de un río sufran por dejarlo correr, ni la tierra sufra porque llueve, ni el átomo sufra descargando su energía ... Para mí, todo tiene una compenetración natural. Dentro de mi papel, difícil y obscuro, de aliada de un ser extraordinario, tengo la recompensa que tiene un punto verde dentro de una cantidad de rojo; recompensa de *equilibrio*. Las penas o alegrías que norman la vida de esta sociedad, podrida de mentiras, en la que vivo, no son las mías. Si tengo prejuicios y me hieren las acciones de los demás, aun las de Diego Rivera, me hago responsable de mi incapacidad para ver con claridad, y si no los tengo, debo admitir que es natural que los glóbulos rojos luchen contra los blancos sin el menor prejuicio y que ese fenómeno solamente signifique salud.

No seré yo quien desvalorice la fantástica personalidad de Diego, al que respeto profundamente, diciendo sobre su vida estupideces. Quisiera, por el contrario, expresar como se merece, con la poesía que no poseo, lo que Diego es en realidad.

De su pintura habla ya —prodigiosamente— su pintura misma.

De su función como organismo humano se encargarán los hombres de ciencia. De su valiosa cooperación social revolucionaria, su obra objetiva y personal, todos aquellos que sepan medir su trascendencia incalculable en el tiempo; pero yo, que le he visto vivir veinte años, no tengo medios para organizar y describir las imágenes vivas que, aunque fuera débilmente, pero con hondura, dibujaran siquiera lo más elemental de su figura. Desde mi torpeza saldrán solamente unas cuantas opiniones y serán el único material que pueda ofrecer.

Las raíces profundas, las influencias externas y las verdaderas causas que condicionan la personalidad inigualable de Diego, son tan vastas y complejas que mis observaciones serán pequeños brotes en las múltiples ramas del árbol gigantesco que es Diego.

Son tres las direcciones o líneas principales que yo considero básicas en su retrato: la primera, la de ser un luchador revolucionario constante, dinámico, extraordinariamente sensible y vital; trabajador infatigable en su oficio, que conoce como pocos pintores en el mundo; entusiasta fantástico de la vida y, a la vez, descontento siempre de no haber logrado saber más, construir más y pintar más. La segunda: la de ser un curioso eterno, investigador incansable de todo, y la tercera: su carencia absoluta de prejuicios y, por tanto, de fe, porque Diego acepta —como Montaigne— que «allí donde termina la duda comienza la estupidez», y aquel que tiene fe en algo admite la sumisión incondicional, sin libertad de analizar o de variar el curso de los hechos. Por este clarísimo concepto de la realidad, Diego es rebelde y, conociendo maravillosamente la dialéctica materialista de la vida, Diego es revolucionario. De este triángulo, sobre el que se elaboran las demás modalidades de Diego, se desprende una especie de atmósfera que envuelve al total. Esta atmósfera móvil es el amor, pero el amor como estructura general, como movimiento constructor de belleza. Yo me imagino que el mundo que él quisiera vivir, sería una gran fiesta en la que todos y cada uno de los seres tomara parte, desde los hombres hasta las piedras, los soles y las sombras: todos cooperando con su propia belleza y su poder creador. Una fiesta de la forma, del color, del movimiento, del sonido, de la inteligencia, del conocimiento, de la emoción. Una fiesta esférica, inteligente y amorosa, que cubriera la superficie entera de la tierra. Para hacer esa fiesta lucha continuamente y ofrece todo cuanto tiene: su genio, su imaginación, sus palabras y sus acciones. Lucha, cada instante, por borrar en el hombre, el miedo y la estupidez.

Por su deseo profundo de ayudar a transformar la sociedad en que vive en una más bella, más sana, menos dolorosa y más inteligente, y por poner al servicio de esa Revolución Social, ineludible y positiva, toda su fuerza creadora, su genio constructor, su sensibilidad penetrante y su trabajo constante, a Diego se le ataca continuamente. Durante estos veinte años lo he visto luchar contra el complicadísimo engranaje de las fuerzas negativas contrarias a su empuje de libertad y transformación. Vive en un mundo hostil porque el enemigo es mayoría, pero esto no lo acobarda, y mientras viva saldrán siempre de sus manos, de sus labios y de todo su ser alientos nuevos, vivos, valientes y profundos combates.

Como Diego, han luchado ya todos los que trajeron a la tierra una luz; como ellos, Diego no tiene «amigos», sino aliados. Los que emergen de sí mismo son magníficos: su inteligencia brillante, su conocimiento profundo y claro del material humano dentro del que trabaja, su experiencia sólida, su gran cultura no de libros, sino inductiva y deductiva; su genio y su deseo de construir, con cimientos de realidad, un mundo limpio de cobardía y de mentira. En la sociedad en que vive somos sus aliados todos los que, como él, nos damos cuenta de la necesidad imperativa de destruir las bases falsas del mundo actual.

Contra los ataques cobardes que se le hacen, Diego reacciona siempre con firmeza y con un gran sentido del humor. Nunca transige ni cede: se enfrenta abiertamente a sus enemigos, solapados la mayoría y valerosos algunos, contando siempre con la realidad, nunca con elementos de «ilusión» o de «ideal». Esta intransigencia y rebeldía son fundamentales en Diego; completan su retrato.

Entre las muchas cosas que dicen de Diego éstas son las más comunes: le llaman mitómano, buscador de publicidad y la más ridícula, millonario. Su pretendida mitomanía está en relación directa con su tremenda imaginación, es decir, es tan mentiroso como los poetas o como los niños a los que todavía no han idiotizado la escuela o sus mamás. Yo le he oído decir toda clase de mentiras; desde las más inocentes hasta las historias más complicadas de personajes a quienes su imaginación combina en situaciones y procederes fantásticos, siempre con gran sentido de humor y crítica maravillosa; pero nunca le he oído decir una sola mentira estúpida o banal. Mintiendo, o jugando a mentir, desenmascara a muchos, aprende el mecanismo interior de otros, mucho más ingenuamente mentirosos que él, y lo más curioso de las supuestas mentiras de Diego es que, a la larga o a la corta, los involucrados en la combinación imaginaria se enojan, no por la mentira sino por la verdad contenida en la mentira, que siempre sale a flote. Es entonces cuando se «alborota el gallinero», pues se ven descubiertos en el terreno en que precisamente se creían protegidos. Lo que en realidad sucede es que Diego es de los muy pocos que se atreven a atacar por la base, de frente y sin miedo, a la estructura llamada MORAL de la hipócrita sociedad en que vivimos, y como la verdad no peca pero incomoda, aquellos que se ven descubiertos en sus más recónditos móviles secretos no pueden sino llamar a Diego mentiroso, o cuando menos exagerado.

Dicen que busca publicidad. Yo he observado que más bien tratan de hacerlo los otros con él, para sus propios intereses, sólo que lo hacen con métodos jesuitas mal aplicados, porque generalmente les sale «el tiro por la culata». Diego no necesita publicidad, y mucho menos la que en su propio país se le obsequia.

Su trabajo habla por sí mismo. No solamente por lo que ha hecho en la tierra de México, donde desvergonzadamente se le insulta más que en ninguna otra parte, sino en todos los países civilizados del mundo, en los que se le reconoce como uno de los hombres más importantes y geniales en el campo de la cultura. Es increíble, por cierto, que los insultos más bajos, más cobardes y más estúpidos en contra de Diego hayan sido vomitados en su propia casa: México. Por medio de la prensa, por medio de actos bárbaros y vandálicos con los que han tratado de destruir su obra, usando desde las inocentes sombrillas de las señoras «decentes», que rayan sus pinturas hipócritamente, y como de pasada, hasta ácidos y cuchillos de comedor (*aquí Frida se refiere concretamente al atentado de que fue objeto el 4 de junio de 1948 el mural* Sueños de una tarde dominical en la Alameda Central, *del Hotel del Prado, cuando un centenar de estudiantes de la Facultad de Ingeniería usando un cuchillo del servicio del hotel rasparon las palabras «no existe», de la frase «Dios no existe» pronunciada por Ignacio Ramírez en la Academia de Letrán*), no olvidando el salivazo común y corriente, digno de los poseedores de tanta saliva como pocos sesos; por medio de letreros en las paredes de las calles en las que se escriben palabras nada adecuadas para un pueblo tan católico; por medio de grupos de jóvenes «bien educados» que apedrean su casa y su estudio destruyendo insubstituiblemente obras de arte mexicano precortesiano —que forman parte de las colecciones de Diego—, los que después de hacer su «gracia» echan a correr; por medio de cartas anónimas —es inútil hablar del valor de sus remitentes— o por medio del silencio, neutral y pilatesco, de personajes en el poder, encargados de cuidar o impartir cultura para el buen nombre del país, no dándole «ninguna importancia» a tales ataques contra la obra de un hombre que con todo su genio, su esfuerzo creador, único, trata de defender, no sólo para él sino para todos, la libertad de expresión.

Todas estas maniobras a la sombra y a la luz se hacen en nombre de la democracia, de la moralidad y de ¡Viva México! —también se usa, a veces, ¡Viva Cristo Rey!—. Toda esta publicidad que Diego no busca ni necesita, prueba dos cosas; que el trabajo, la obra entera, la indiscutible personalidad de Diego son de tal importancia que tienen que tomarse en cuenta por aquellos a quienes él echa en cara su hipocresía y sus planes arribistas y desvergonzados; y el estado deplorable y débil de un país —semicolonial— que permite que sucedan en 1949 cosas que solamente podrían acontecer en plena Edad Media, en la época de la Santa Inquisición o mientras imperó Hitler en el mundo.

Para reconocer al hombre, al maravilloso pintor, al luchador valiente y al revolucionario íntegro, esperan su muerte. Mientras viva habrá muchos «machos», de esos que han recibido educación en el «paquín», que seguirán apedreando su casa, insultándolo anónimamente o por medio de la prensa de su propio país, y otros, todavía más «machos», *pico de cera*, que se lavarán las manos y pasarán a la historia envueltos en la bandera de la prudencia.

Y le llaman millonario ... La única verdad en esto de los millones de Diego es ésta: siendo artesano, y no proletario, posee sus útiles de producción —es decir, de trabajo—, una casa en la que vive, trapos que echarse encima y una camioneta desvencijada que le sirve como a los sastres las tijeras. Su tesoro es una colección de obras maravillosas, joyas de arte indígena, corazón vivo del México verdadero, que con indecibles sacrificios económicos ha logrado reunir en más de treinta años para colocarla en un museo que está construyendo desde hace siete años. Esta obra la ha levantado con su propio esfuerzo creador y con su propio esfuerzo económico, es decir, con su talento maravilloso y con lo que le pagan por sus pinturas; la donará a su país, legando a México la fuente más prodigiosa de belleza que haya existido, regalo para los ojos de los mexicanos que los tengan y admiración incalculable para los de afuera. Excepto esto, económicamente no tiene nada; no posee otra cosa que su fuerza de trabajo. El año pasado no tenía dinero suficiente para salir del hospital, después de sufrir una pulmonía. Todavía convaleciente, se puso a pintar para sacar los gastos de la vida diaria y los salarios de los obreros que, como en los gremios del Renacimiento, cooperan con él para construir la obra maravillosa del Pedregal.

Pero a Diego los insultos y los ataques no lo cambian. Forman parte de los fenómenos sociales de un mundo en decadencia y nada más. La vida entera le sigue interesando y maravillando, por cambiante, y todo le sorprende por bello, pero nada le decepciona ni le acobarda porque conoce el mecanismo dialéctico de los fenómenos y de los hechos.

Observador agudísimo, ha logrado una experiencia que, unida a su conocimiento —podría yo decir, interno de las cosas— y a su intensa cultura, le permite desentrañar las causas. Como los cirujanos, abre para ver, para descubrir lo más hondo y escondido y lograr algo cierto, positivo, que mejore las circunstancias y el funcionamiento de los organismos. Por eso Diego no es ni derrotista ni triste. Es fundamentalmente investigador, constructor y, sobre todo, arquitecto. Es arquitecto en su pintura, en su proceso de pensar y en el deseo apasionado de estructurar una sociedad armónica, funcional y sólida. Compone siempre con elementos precisos, matemáticos. No importa si su composición es un cuadro, una casa o un argumento. Sus cimientos son siempre la realidad. La poesía que sus obras contienen es la de los números, la de las fuentes vivas de la historia. Sus leyes, las leyes físicas y firmes que rigen la vida en murales que se ligan, viven en la construcción misma del edificio que los contiene, con la función material y organizada de ellos.

La obra estupenda que está construyendo en el pueblo de San Pablo Tepetlapa, a la que él llama *El Anahuacalli* (casa de Anáhuac), destinada a guardar su inigualable colección de cultura antigua mexicana, es un enlace de formas antiguas y nuevas, creación magnífica que hará perdurar y revivir la arquitectura incomparable de la tierra de México, Crece en el paisaje increíblemente bello del Pedregal como una enorme cactácea que mira al Ajusco, sobria y elegante, fuerte y fina, antigua y perenne; grita, con voces de siglos y de días, desde sus entrañas de piedra volcánica; ¡México está vivo! Como la Coatlicue, contiene la vida y la muerte; como el terreno magnífico en que está erigida, se abraza a la tierra con la firmeza de una planta viva y permanente.

Trabajando siempre, Diego no vive una vida que pudiera llamarse normal. Su capacidad de energía rompe los relojes y los calendarios. Materialmente, le falta tiempo para luchar, sin descanso, proyectando y realizando constantemente su obra. Genera y recoge ondas difíciles de comparar a otras, y el resultado de su mecanismo receptor y creador, siendo tan vasto y tan inmenso, jamás lo satisface. Las imágenes y las ideas fluyen en su cerebro con un ritmo diferente a lo común y por esto su intensidad de fijación y su deseo de hacer siempre más son incontenibles. Este mecanismo lo hace indeciso. Su indecisión es superficial porque, finalmente, logra hacer lo que le da la gana con su voluntad segura y planeada. Nada pinta mejor esta modalidad de su carácter que aquello que una vez me contó su tía Cesarita, hermana de su madre. Recordaba que siendo Diego muy niño entró en una tienda, de esos tendajones mixtos llenos de magia y de sorpresas que todos recordamos con cariño, y parado frente al mostrador, con unos centavos en la mano, miraba y repasaba todo el universo contenido dentro de la tienda, mientras gritaba desesperado y furioso; ¡Qué quiero! La tienda se llamaba «El Porvenir», y esta indecisión de Diego ha durado toda su vida. Pero aunque pocas veces se decide a escoger, lleva dentro una línea-vector que va directamente al centro de su voluntad y su deseo.

Siendo el eterno curioso es, a la vez, el eterno conversador. Puede pintar horas y días sin descansar, charlando mientras trabaja. Habla y discute de todo, absolutamente de todo, gozando, como Walt Whitman, con todos los que quieran oírlo. Su conversación siempre interesa. Tiene frases que asombran, que a veces hieren, otras conmueven; pero jamás deja al que oye con la impresión de inutilidad o de vacío. Sus palabras inquietan tremendamente por vivas y ciertas. La crudeza de sus conceptos enerva o descontrola al que lo escucha porque ninguno de éstos comulga con las normas de conducta ya establecidas; rompen siempre la corteza para dejar nacer brotes; hieren para dejar crecer nuevas células. A algunos, a los más fuertes, la conversación y el contenido de la verdad de Diego les parece monstruoso, sádico, cruel; a otros, los más débiles, los anula y los anonada y la defensa de éstos consiste en llamarlo mentiroso y fantástico. Pero todos tratan de defenderse de una manera muy semejante a como se defienden contra la vacuna los que por primera vez en su vida van a ser vacunados. Invocan a la esperanza o a algo que los libre del peligro de la verdad. Pero Diego Rivera está desprovisto de fe, de esperanzas y caridad. Es por naturaleza extraordinariamente inteligente y no admite fantasmas. Tenaz en sus opiniones, nunca cede, y defrauda a todos los que se escudan en la creencia o en la falsa bondad. De aquí que le llamen amoral y —realmente— no tiene nada que ver con los que admiten las leyes o normas de la moral.

En medio del tormento que para él son el reloj y el calendario, trata de hacer y dejar hacer lo que él considera justo en la vida: trabajar y crear. Le da beligerancia a todas las otras direcciones, es decir, nunca menosprecia el valor de los demás, pero defiende el propio, porque sabe que éste significa ritmo y relación de proporciones con el mundo de la realidad. A cambio de placer, da placer; a cambio de esfuerzo, da esfuerzo. Estando más capacitado que los otros, da mucha mayor cantidad y calidad de sensibilidad pidiendo solamente entendimiento. Muchas veces ni esto consigue, pero no por eso se somete ni se rinde. Muchos de los conflictos que su personalidad superior causa en la vida diaria provienen de ese descontrol natural que provocan sus conceptos revolucionarios en relación a los ya sometidos a un rigor y a una norma. Los problemas que se pudieran llamar de hogar, que varias mujeres hemos tenido cerca de Diego, consisten en lo mismo. Diego tiene una profunda conciencia de clase y del papel que las otras clases sociales tienen en el funcionamiento general del mundo. De las personas que hemos vivido cerca de él unas queremos ser aliadas de la causa por la que él trabaja y pelea, y otras no. De aquí se origina una serie de conflictos en los que él se ve mezclado, pero de los que no es responsable, puesto que su posición es clara y transparente. Su unidad humana, sin prejuicios, ya sea por genio, por educación o por transformación, no es responsable de la incapacidad de los demás, ni de las consecuencias que ésta aporte a la vida social. El trabaja para que todas las fuerzas se aprovechen y se organicen con una mayor armonía.

¿Con qué armas se puede luchar a favor o en contra de un ser que está más cerca de la realidad, más dentro de la verdad, si estas armas son morales, es decir, normadas según las conveniencias de determinada persona o sector humano? Naturalmente tienen que ser amorales, rebeldes a lo ya establecido o admitido como bueno. Yo —con la plenitud de mi responsabilidad— estimo que no puedo estar en contra de Diego, y si no soy una de sus mejores aliadas, quisiera serlo. De mi actitud en este ensayo de retrato pueden deducirse muchas cosas, depende de quienes las deduzcan; pero mi verdad, la única que puedo dar acerca de Diego está aquí. Limpia, inmedible en sincerómetros, que no existen, sino con la convicción de lo que respecta a mí misma, mi propia existencia.

Ningunas palabras describirán la inmensa ternura de Diego por las cosas que tienen belleza; su cariño por los seres que no tienen que ver en la presente sociedad de clases; su respeto por los que están oprimidos por la misma. Tiene especial adoración por los indios a quienes lo liga su sangre; los quiere entrañablemente por su elegancia, por su belleza y por ser la flor viva de la tradición cultural de América. Quiere a los niños, a todos los animales, con predilección a los perros pelones mexicanos y a los pájaros, a las plantas y a las piedras. Ama a todos los seres sin ser dócil ni neutral. Es muy cariñoso pero nunca se entrega; por esto, y porque apenas tiene tiempo para dedicarse a las relaciones personales, le llaman ingrato. Es respetuoso y fino y nada le violenta más que la falta de respeto a los demás y el abuso. No soporta el truco o el engaño solapado, lo que en México se llama «tomadura de pelo». Prefiere tener enemigos inteligentes que aliados estúpidos. De temperamento es más bien alegre, pero le irrita enormemente que le quiten el tiempo en el trabajo. Su diversión es el trabajo mismo; odia las reuniones sociales y le maravillan las fiestas verdaderamente populares. A veces es tímido, y así como le fascina conversar y discutir con todos, le encanta a veces estar absolutamente solo. Nunca se aburre porque todo le interesa; estudiando, analizando y profundizando en todas las manifestaciones de la vida. No es sentimental pero sí intensamente emotivo y apasionado. Le desespera la inercia porque él es una corriente continua, viva y potente. De buen gusto extraordinario, admira y aprecia todo lo que contiene belleza, lo mismo si vibra en una mujer o en una montaña. Perfectamente equilibrado en todas sus emociones, sus sensaciones y sus hechos, a los que mueve la dialéctica materialista, precisa y real, nunca se entrega. Como los cactus de la tierra, crece fuerte y asombroso, lo mismo en la arena que en la piedra; florece como el rojo más vivo, el blanco más transparente y el amarillo solar; revestido de espinas, resguarda dentro su ternura; vive con su savia fuerte dentro de un medio feroz; ilumina solitario como sol vengador del gris de la piedra; sus raíces viven a pesar que lo arranquen de la tierra, sobrepasando la angustia de la soledad y de la tristeza y de todas las debilidades que a otros seres doblegan. Se levanta con sorprendente fuerza y, como ninguna otra planta, florece y da frutos.

Este texto de amor, escrito con máxima generosidad espiritual, vuelve ociosas muchas discusiones e interpretaciones en torno a los múltiples motivos que unieron a Frida y Diego.

En el año 1949 Frida fue vocal del Comité Mexicano Patrocinador del Congreso Continental Americano por la Paz, celebrado en México del 5 al 11 de septiembre de ese año. Ella apoyó con su firma, su palabra y su obra la campaña mundial en pro de la paz. Cuando Diego y su hija, la arquitecta Ruth Rivera Marín, acudieron en 1952 a Viena para participar en el Congreso de los Pueblos por la Paz, ante la imposibilidad de asistir ella misma, Frida envió una pintura alusiva, en la cual el nombre de la reunión vienesa conforma las raíces de un fecundo árbol, mientras a la derecha de la pintura, bajo un gran sol de rostro melancólico estalla una bomba atómica. Frida estaba consciente de que el arte no es un instrumento para desactivar de manera directa bombas de nitrógeno, pero como a la inmensa mayoría de los seres humanos la posibilidad de una tercera guerra mundial de incalculables alcances destructivos oprimía su corazón y estremecía su conciencia.

En diciembre de 1952 Lola Álvarez Bravo, fotógrafa, promotora cultural y amiga íntima, le propuso a Frida presentar en su galería, por primera vez en México, una importante retrospectiva de su obra. Verdaderamente entusiasmada, Frida ayudó a la recolección de las pinturas y para las invitaciones compuso unas rimas al estilo popular, manuscritas por ella e impresas en tres hojitas de cartoncillo amarradas con cordel rojo.

Con amistad y cariño
nacidos del corazón
tengo el gusto de invitarte
a mi humilde exposición

A las ocho de la noche
—pues relox tienes al cabo—
te espero en la Galería
d'esta Lola Álvarez Bravo.

Se encuentra en Amberes 12
y con puertas a la calle,
de suerte que no te pierdes
porque se acaba el detalle.

Sólo quiero que me digas
tu opinión buena y sincera.
Eres leido y escribido;
tu saber es de primera.

Estos cuadros de pintura
pinté con mis propias manos
y esperan en las paredes
que gusten a mis hermanos.

Bueno, mi'cuate querido:
con amistad verdadera
te lo agradece en el alma
Frida Kahlo de Rivera.

La exposición fue inaugurada el 13 de abril de 1953. A ella la transportaron en ambulancia y saludó a la concurrencia desde una cama colocada en medio de la galería.

LA CASA, LAS COSAS

Quien entraba por primera vez a principios de 1953 a la recámara de Frida Kahlo, donde su enfermedad la había obligado a pasar muchos días de su vida, tenía, una violenta impresión de tristeza. Judas hechos con cartones, papeles y adornos contrastados y brillantes para ser quemados con estrépito de cohetes en Sábados de Gloria, ornamentaban la cama en forma de baldaquino. El judas mayor, más parecido a un esqueleto burlesco, se adhería a un espejo colocado a todo lo largo del techo del baldaquino. Durante las horas del día, sin pausa, el espejo recibía la imagen adormecida o despierta de Frida.

En las paredes de la recámara había muchas fotografías de personajes admirados o seres queridos, y estampados en letras rojas por la torpe mano de Manolo, el ayudante de Rivera y sirviente de Coyoacán cuando hacía falta, los nombres de las amistades principales: Teresa (Proenza), Machila (Armida) Elena (Vázquez Gómez), María (Félix), Irene (Bohus). Varios armarios y repisas guardaban pequeñas esculturas precortesianas, algunas de las cuales fueron llevadas posteriormente al Anahuacalli.

En la cama gemela, cubierto con un sarape, dormía Xólotl, el perro pelón de pura raza americana que cierta vez echó sus aguas sobre unas acuarelas que el maestro Diego acababa de pintar. Furioso, Rivera lo correteó por toda la casa, blandiendo un machete de gran tamaño, decidido a matarlo. Cuando le dio alcance, el arma en alto pronta a descargarse, el silencioso animalito, que en vez de ladrar suspiraba, movió su cola dura y finita con un mohín de arrepentimiento. Aquel inarticulado pedido de clemencia encontró eco. Guardando el machete bajo el brazo, Rivera levantó al perro y acariciando sensualmente su cuero como de humo, carbón o piedra volcánica, le dijo: «Señor Xólotl, emperador de Xibalba, señor de las tinieblas, es usted el mejor crítico de arte».

Recordando el episodio Frida reía y su risa se reflejaba en el espejo del ropero, en los cacharros de cerámica, en las multicolores bolas de cristal, en los variadísimos objetos reverberantes de la decoración popular mexicana, en los vidrios de las vitrinas que guardaban maravillas en jade y tecali. La carcajada estridente, corta y jovial de Frida hacía eco en las ramas del árbol que crecía en un rincón del cuarto y movía las guirnaldas suavísimas de cola de borrego que colgaban de siete macetas colocadas en la parte superior de la ventana, tiñendo de verde la luz que muros de piedra atemperaban en calor y en frío. Verde también era la caja con tapa de vidrio que guardaba el trajecito de encajes con que recibió las aguas bautismales Diego María de la Concepción Juan Nepomuceno Estanislao de la Rivera Sforza Barrientos D'Acosta y Rodríguez de Valpuesta (como decía llamarse). Sobre la tela amarillenta estaban fijados los primeros muñecos de Diego, la muñequita preferida de la niña Frida, unas botitas de miniatura parecidas a las que usó después del ataque de poliomielitis. Entrelazándose con los testimonios candorosos, figuras de batracios y reptiles, entre los que sobresalía una ranita de cristal de roca, símbolo del «niño-rana parado sobre las patas de atrás», como veía Frida físicamente al hombre con el que mantuvo una insólita relación durante veinticinco años.

A poco de frecuentar esa recámara sin igual en todo el mundo, la opresión del primer momento, provocada por el olor a medicinas y estupefacientes y las sonoridades de ampollas y jeringas, se transformaba en una entrañable sensación de tienda de juguetes. La melancolía, el dolor físico y las cicatrices en el cuerpo de Frida eran consecuencia del accidente; pero su habitación era el resultado de un ordenamiento, no de un azar. El orden ahí establecido revelaba aspiraciones y sentimientos; indicaba que quien lo había impuesto se solazaba con el grotesco ingenuo, se enternecía con los artificios inocentes, veneraba las obras surgidas del hábito estético colectivo.

Rivera le dio a ese conjunto de objetos el justo valor espiritual que poseían, al punto que ya muerta Frida y estando él en tratamiento por el cáncer en un hospital de Moscú, el 30 de noviembre de 1955 le escribió a su secretaria Teresa Proenza:

No quiero que el ropero de la niña Fisita siga sin arreglar. Tengo mucho pesar porque no tuve tiempo de hacerlo con usted. Por favor arréglelo usted ahora con Elenita (*Elena Vázquez Gómez*) y Judith (*Judith Ferreto*); que quede tal como ustedes vieron su casa de muñecas y sus otras cosas dentro del ropero. Por favor enlístenlas anotando la colocación que tengan y denle muchos recuerdos, cada vez que vayan, a la niña que está ahí en su cama mientras llego yo (*se refiere a las cenizas de Frida contenidas en una vasija prehispánica*). Que no le falten sus flores que ha tenido siempre y coloquen sobre su cama, en el hueco que quede, el cuadro de las sandías y el de los hornos de ladrillo y también, si cabe, el retrato de su papá; si no, déjenlo en el estudio. No quiten el cuadro de Velasco que le gustaba mucho a ella. No se vaya a picar su ropa; que se sacuda, pero que quede en el mismo lugar en que quedó el día en que se fue ella. Se los encargo mucho con todo el cariño que les tengo.

Coyoacán, que antes de la Conquista fue ciudad lacustre junto al lago de Texcoco, era a principios del siglo XX uno de los poblados más apacibles y más arbolados de la zona metropolitana. Fue la comarca donde se refugió el conquistador Hernán Cortés durante varios meses después de haber destruido totalmente la antigua Tenochtitlán. Ahí fue sometido a torturas por los españoles el último gran señor mexica: Cuauhtémoc. Su caserío se proyectaba hacia el Ajusco, cuyos altos montes cierran el horizonte. Lejos del jardín central del pueblo, en la esquina que forman las calles de Allende y Londres, se levanta la amplia y baja mansión de muros azules donde Frida nació. Después de su muerte en 1954 la casa fue convertida en un museo dedicado a su persona y a su obra. Había sido construida en 1904, cuando Wilhelm Kahlo adquirió el terreno al fraccionarse lo que fuera la gran hacienda de

El Carmen, propiedad de los religiosos de la Orden Carmelitana. El laborioso fotógrafo quería vivir lejos del centro de la ciudad y pensó instalarse con su familia en Tlalpan, pero su esposa Matilde Calderón y González lo convenció para que fuera en Coyoacán.

La planta de la casa era rectangular, con jardín y huerto interiores, y de ello queda testimonio en el óleo pintado por Frida hacia 1936: *Mis abuelos, mis padres y yo*, titulado también *Árbol genealógico*. De esta pintura existe en el museo otra versión, inconclusa, en la que representó a las hermanas: María Luisa, Margarita, Matilde, Adriana y Cristina. También están abocetadas las figuras de los sobrinos, Isolda y Antonio Pinedo Kahlo, y del hermano muerto a poco de nacer, sombras que se antoja interpretar como alusión a los nonatos de la propia Frida.

Diego Rivera llegó a habitar en esa casa, aunque siempre conservó su estudio-habitación construido por Juan O'Gorman. Al reacomodarse después del tenso y al fin trágico episodio Trotsky, Rivera, a mediados de los cuarenta, diseñó y dirigió la construcción del ala de la casa que da a la calle de Londres. Mucho antes había levantado en medio del patio una pirámide escalonada, en la que fue colocando las primeras piezas de la que llegaría a ser una de las colecciones de arte antiguo más notables del mundo; 55 481 piezas. En la planta alta del ala nueva fueron instalados el estudio, la recámara y los espacios privados de Frida.

Los cuartos construidos por Rivera hacen capítulo en la arquitectura mexicana; en ellos consiguió una encantadora conjunción de acentos regionales y cierta sobriedad preconizada por el funcionalismo. Las paredes son de piedra volcánica del Pedregal, de un color gris obscuro, cálido y angustioso a la vez. En lo alto de los muros incrustó ollas de barro, donde las palomas no tardaron en refugiarse. En una pequeña azotea que se apoya hacia la derecha, sobre el ala antigua, incrustó caracoles enormes y un espejo verde. Detalles de una gracia ornamental suficientemente vigorosa como para soportar el peso imponente de la piedra. Para separar y acentuar el carácter de lo nuevo, Rivera levantó una tapia que divide el gran patio sombreado por árboles altos en dos partes: para la casa de piedra la porción más pequeña y en medio una fuente con un salto de agua que emerge de un nudo de algas y caracoles. Jaulas con pájaros extraños se mecían estridentes en las ramas altas del árbol más alto; el ruido de su vaivén se escuchaba por las noches como fabulosos lamentos en el jardín umbrío, lamentos que sustentaron la leyenda, bastante difundida durante algún tiempo entre la gente de Coyoacán, de que el fantasma del «señor Trotsky» ambulaba penando por los corredores.

A solicitud de Diego, Frida fue a Tampico a esperar a Trotsky y a Natalia, su mujer, el 9 de enero de 1937. El líder bolchevique quedó instalado en Coyoacán el 11 de enero. La encantadora personalidad de Frida lo impactó y hubo entre ellos un coqueteo lo suficientemente intenso y mutuamente correspondido como para despertar los celos de Natalia. Pero no fue este conato de flirteo lo que provocó el divorcio entre Diego y Frida. Las razones, hasta ahora imposibles de documentar, deberán buscarse en el papel jugado por Rivera en el primero y en el segundo atentado a Trotsky, el fallido que encabezó Siqueiros y el del ajusticiamiento ejecutado por Ramón Mercader, cuya madre y hermana fueron retratadas por Rivera.

En la porción más grande del jardín quedaron la pirámide escalonada, un espejo de agua y un cuartito independiente donde se guardaban selectas piezas arqueológicas y que Rivera, quizás para epatar, llamaba «Adoratorio de Tláloc», el dios de la lluvia y del rayo, uno de los más antiguos motivos de culto entre los hombres de México y Centroamérica.

Poco a poco, como si hubieran crecido de las piedras, fueron apareciendo vasijas y figuras prehispánicas, y junto a ellas esculturas talladas por Mardoño Magaña, quien fuera portero de la Escuela de Pintura de Coyoacán, admirado por Rivera como uno de los más talentosos escultores contemporáneos. En el cielo raso del zaguán Diego compuso una bella decoración en mosaico de piedras naturales, reconocida por Juan O'Gorman como importante antecedente para los murales realizados por él con esa técnica en los muros de la torre de acervos de la Biblioteca Central Universitaria. Todo lo que en México tenía chispa de arte: los retablos, los dulces modelados o decorados, los judas de carrizo y papel encolado, los juguetes de feria, los muebles de ocote y oyamel profusamente decorados; las muertes de yeso, de alambre, de cartón, de azúcar, de papel de china con que el pueblo ahuyenta los lúgubres pensamientos del Día de Muertos, papeles recortados, vestidos aldeanos recamados con infinita variedad de grecas, pájaros y motivos florales, cojines donde fueron bordados con hilos de todos colores requiebros sentimentales y picarescos a la vez; candelabros, incensarios, abanicos, cajitas, baúles, pinturas anónimas, petates, sarapes, huaraches, flores de papel y de cera, tocados, matracas, piñatas, máscaras... Todo fue encontrando su sitio, adquiriendo la gracia de objetos necesarios, jamás la pesantez de adornos inútiles. La familiaridad de uno junto al otro les otorgaba una fuerza insospechada. Ahí el pasado y el presente se enlazaron con afirmativa naturalidad. Diego y Frida fueron los compaginadores de un montaje que ejerció una influencia determinante en cierto sector de la intelectualidad mexicana. A medida que pasaron los años toda la casa —la parte nueva y la parte vieja— adquirió el color y el sabor del espíritu de sus habitantes. En el diario, dentro de un dibujo, Frida inscribió: «Casa de aves, nido de amor, todo para nada».

Entre los artesanos y artistas populares cuya obra se exhibe en el museo dedicado a Frida hay una mujer que imponía su presencia con los objetos creados por ella; la judera Carmen Caballero Sevilla. Su obra formidable fue vendida siempre a tan bajo precio que nadie pensó elaborar una monografía sobre ella. Cierta vez, en el patio del estudio de Rivera en San Ángel Inn, doña Carmen me relató detalles de su desarrollo artístico:

Tenía dieciocho años cuando aprendí con uno que se llamaba Gregorio Piedrasanta. Vivíamos en la calle de Melchor Ocampo. Yo me radicaba como frutera. Mi padre fue teniente coronel de la Revolución y se murió cuando yo tenía cinco años. Mi madre se dedicó a vender fruta y yo con ella. Un día Gregorio Piedrasanta se ofreció a enseñarme; así hice mi primer judas de molde. Para que me dejara más instruida estuve con él como un año y quedé muy bien enseñada. Cuando yo acabé de hacer judas me radiqué en mariposas y cruceros para lámparas de aceite. El crucero se hace de hojalata y corcho, y la mariposa de naipe y pabilo con parafina. Luego me enseñó a hacer máscaras y luego, a lo último, me enseñó a hacer muerte calada, y yo de mi talento saqué otras muertes, y también de mi talento saqué las cabezas de ídolos monstruos.

MÉTODOS EMPLEADOS POR DOÑA CARMEN

Judas de moldura. Un carpintero hace el molde de patol. El patol es el colorín. Para hacerlo corta un palo y saca el molde trabajando a cuchillo. Se puede hacer molde de yeso o también de piedra. Para hacer un molde se pierde un día o menos. Una vez hecho el molde se pone el papel de manila de las bolsas de cemento, se le echa encima el engrudo hecho de harina para que pegue, se vacía el molde y de ahí se tapa. Ya que está tapado se deja secar, ya que se secó se pinta con blanco de España y después entran los colores que uno quiera.

Judas de carrizo. El carrizo se corta en tiras, de ahí que se corta en tiras se hacen rueditas, luego que están las rueditas se hace el armazón, ya que está el armazón se tapa, como le nombramos nosotros, que es vestirlo. Luego se enyesa, luego se le da el blanco y después se le dan sus colores según el color que uno quiera. La anilina se fija con cola y puede ser rosa, verde, amarillo, azul, azul España, azul rey, verde ocrillo, ocrillo rojo, verde a la cal, morado... También se hacen preparados, se colocan para hacer combinaciones, se combinan los colores.

Muertes caladas. Se parte el carrizo y se hacen rueditas, las rueditas se combinan para hacer el huacalito, después se cubre con papel y se pinta como dije y se adorna con aluminio blanco o aluminio dorado, que se disuelve en ictiol o tíner.

Muerte de alambre. Se comienza haciendo la quijada para después formar la cabecita, luego se hacen como resortitos que son los ojos, luego se empieza a entretejer con alambre en retazos y en gusanillo con la misma pinza. Son muertecitas inmovibles que sólo mueven la quijada. Se cubren con papel.

RELACIÓN DE DOÑA CARMEN CON RIVERA

Conocí al patrón en el mercado Abelardo Rodríguez vendiendo judas. En una Semana Santa llegue al Abelardo llevando hartos judas y ahí tuve conciencia con el patrón, que me retrató con todo y mis Judas. Entonces le entregué un judas de 2.5 metros, hecho de ciento cincuenta carrizos. Fue la primera entrega que le hice con otras muertecitas también, y de ahí que me dijera si quería ser su judera particular y yo le dije que sí. De allí me hizo una invitación a su casa con media docena de muertes. Entregué esas muertes en su casa y ya conocí a la señorita Frida. Después me siguió tomando trabajo. El patrón no nos da permiso de llevar nuestro trabajo a la plaza, no quiere que se riegue porque se chotea. Ya después fue como empecé cada año a trabajarle al patrón; cuando tuve un poquito más de tiempo seguí trabajándole toda clase de cositas que él me mandaba pedir: muertecitas de roseta y huacalito, judas tapados, cabezas grandes, gigantes judas con paso veloz con sus pies salidos. En el estudio del patrón nada más los judas narigudos no son nuestros. Antes de que muriera Jorge Negrete dijo el maestro que yo podría dibujarle a María Félix y a Gloria Marín; pero yo no pude. Luego nos pidió que hiciéramos uno igual a él y le hicimos uno grandote por el que nos pagó doscientos pesos. No nomás en eso me radicaba; la señorita Frida me pedía juguetes de Nochebuena, piñatas, maguey, casitas de distintos modos. Yo hago toda clase de juguetería: Niños Dios, patitos, borreguitos; toda la clase para adornar nacimientos. En piñatas hago liras, payasos, Cantinflas, charros, rábanos, rosas, alcachofas, gajos de sandía, toritos. La niña Fridita era quien más me consentía; nos pagaba un poquito más que el maestro. No le gustaba verme chimuela. Una vez que el hombre me pegó y yo perdí mis dientes, entonces fue cuando le hice un trabajo muy bonito y me regaló este diente de oro que ahora llevo. Yo le tengo gratitud. Yo le entregaba solita la muerte y ella la vestía y hasta le ponía sombrero.

RELACIÓN DE RIVERA CON DOÑA CARMEN

En 1951 la encontré vendiendo judas junto con el hombre en el mercado Abelardo Rodríguez. Primero creíamos que era él quien los hacía, hasta que pelearon. El hombre le quitaba el dinero, le pegaba, fumaba mariguana. Después fue el hijo quien le quitó el dinero. Carmen Caballero es una expresión genuina, una artista de enorme talento, un caso típico de lo que pasa en México. Se llama arte popular lo que es verdadero arte de México. Está hecho por gente del pueblo para el pueblo, sin injertos ni sofisticaciones, va mucho más allá en el camino que intentan los pintores de escuela y galería. Si un pintor conocido hubiera hecho lo que doña Carmen, todo el mundo y los críticos hubieran cantado aleluyas. La prueba es que Henry Moore, mientras me esperaba hizo unos croquis de las muertes colgadas en la estancia de Coyoacán, croquis que Mathias Goeritz hizo copiar como murales de Moore en una pared de *El Eco* en 1953. Por cierto que la mistificación no fue culpa de Moore sino de Goeritz y prueba de que cuanto hace doña Carmen es lo que los sofisticados quisieran hacer y no logran. Cualquiera que observe estas cosas de doña Carmen tiene que constatar que lo realmente asombroso –aparte del sentimiento que provocan la sensibilidad del color y de la forma— es que tratando un mismo tema: un esqueleto, la muerta esa, cada ejemplar es absolutamente diferente y la diferencia no es rebuscada, es una diferencia vital. En eso el talento de doña Carmen está en la línea del genio de Picasso, quien ha pintado docenas de guitarras y compoteras y violines y cada uno de ellos tiene una expresión, una forma y contenido muy diferentes. De ahí que podamos concluir que lo de doña Carmen está dentro de lo que los estetas llaman gran arte. Si no fuera por los prejuicios de clase, tendría que dársele mayor categoría que al noventa y nueve por ciento de los egresados de las academias y los expositores de galerías. Las cosas de doña Carmen

tienen exactamente las características distintivas del arte prehispánico americano. He repetido siempre, y nunca me cansa-
ré ni me canso de hacerlo, que el arte del resto del mundo está
dentro de la clasificación de clásico y romántico, pudiéndose
precisar la condición plástica de una y otra designación. El clásico es el movimiento de la forma, que algunos traducen por
contornos, dibujo, ritmo, etcétera. El *Auriga* de Delfos, el *Escriba sentado*, el *Apolo* de Sicilia, las obras de Rafael, Leonardo, Giotto, Ingres, etcétera. Podemos precisar respecto al
romanticismo que es la forma en movimiento. En los casos de
genio excepcional se reúne ambas cualidades en un artista. Los
tres ejemplos esenciales de esto serían Breughel, Mathias Grü-
newald y, sobre todos, el inmenso Francisco de Goya y Lu-
cientes. Entre los grandes románticos, o sea los manejadores
de la forma en movimiento, hay que poner a los bizantinos de
los mosaicos del Bajo Imperio, a Tintoretto y al Greco. Este
último llevó la exaltación de esta cualidad hasta merecer que se
diga de él que pintó el movimiento de la luz y de las sensaciones y emociones nerviosas. A Tiziano y a Velásquez hay que
colocarlos completamente dentro de los ejemplo clásicos, a
pesar de que Velásquez produjo un ejemplo de representación
de fenómenos ópticos, o sea, la forma en movimiento, en *Las
hilanderas*. Casos de clasicismo romántico son también los
grandes maestros franceses del siglo XIX: Daumier, Courbet,
Cézanne, Renoir, Seurat. El arte precolombino, en cambio, tiene una calidad diferente. Sin perder la posibilidad de expresar
el movimiento de la forma y la forma del movimiento, llegó a
una calidad que no se encuentra en el mundo antiguo más que

en las maravillosas obras de arte llamadas rupestres y en el mundo moderno en las obras del periodo de exaltación máxima de Van Gogh, que es la expresión de la forma del movimiento, caso en el que se modifican volúmenes, colores, líneas, trayectorias de la composición, para llegar a la justeza de expresión vital que impele al artista, por medio de estas modificaciones, constituyendo –si puede decirse— un realismo superior, ya que en la raíz de la existencia misma de la materia está la energía, o sea, el movimiento; en consecuencia, la expresión de la forma de este último tiene que ser considerada como la máxima expresión realista.

Esto es lo que existe en la producción de doña Carmen, como existe en las ocasiones en que Picasso se expresa a fondo a sí mismo produciendo una obra maestra, como aconteció con Van Gogh, pero que acontece siempre en obras maestras producidas por artistas como doña Carmen que son la expresión actual de mucho más de veinte siglos de cultura plástica y que nacen y viven con naturalidad, como una concha, una flor, un animal en movimiento o un ser humano extraordinario; pero que dentro de la actual estructura social sólo se valorizan en sumas miserables. Los grandes sicofantes de las artes y la crítica hablan de esas obras como de *Mexican curious*, exhibiendo con claridad meridiana lo embotado de su sensibilidad, la falsedad de su criterio y el terror de que una obra popular, que se vende en casi nada de dinero, no es sólo una amenaza para ellos, sino para todos los intereses creados de sus especuladores, basura canallesca enemiga del arte del pueblo. Ellos no quienes darle mayor categoría que la de «curiosidades» para consumo de turistas porque si admitieran la que realmente tiene se quedarían sin clientela y su propia producción no tendría ningún otro público consumidor que el de los basureros. Todas estas circunstancias, que indudablemente tienen evidencia dentro de lo más claro de la conciencia secreta del pueblo, han producido indudablemente la enorme y formidable potencia de ironía contenida en las obras de Carmen. Mirando un conjunto de estas calacas podemos encontrar todas y cada una de las individualidades características de la fauna humana dentro de la que ella vive, tratadas con un desborde de fantasía. Las muertecitas de doña Carmen encuentran, como objetos, un renglón en la juguetería típicamente mexicana; pero el espíritu de sus obras sólo tiene un precursor que ella posiblemente desconoce; José Guadalupe Posada. Nadie como ellos dos ha sabido aliviar de todo sentido trágico y de lucubraciones metafísicas el esqueleto humano, convirtiéndolo en un puro elemento de gracia corrosiva, más literario en Posada, más sensorial en doña Carmen. En ambos el conjunto de huesos en movimiento aparece como un ser descarnado donde la vida se expresa con intensidad.

La vejez de doña Carmen

Cuando andaba cerca de sus sesenta años doña Carmen Caballero vivía por la carretera de Puebla, donde la tolvanera se encrespaba rabiosa y envolvía la casa-cueva-jacal que era su habitación, su taller, su cocina, su incomodidad. La miseria la había erosionado y la había erosionado también la mala vida que le había dado su hombre; Santos Miranda. De veinte hijos nacidos, sólo le vivieron cuatro, y de los miles de judas que salieron de sus manos ninguno adornaba con sus encendidos colores el cuartucho hecho de lámina oxidada y capas de cartones o papeles pegados con engrudo. Cuarto judero de judera lleno de judas sin color, que es como decir judas desnudos, que serían vestidos para la Semana Santa. Muertos Diego y Frida e instalados los museos en Coyoacán y en el Anahuacalli, ahí se conservaron los judas hechos a pedido de ellos por doña Carmen, y era ella quien los restauraba cuando todavía podían restaurarse, o los reponía cuando el tiempo los destruía.

Entre fotos de santos y de Pedro Infante, el sitio de honor en el jacal era para una portada de una revista que reproducía la fotografía a color del patroncito Diego, a quien ella recordaba con emoción porque le había brindado apoyo, le había expresado admiración, le había encargado trabajo y le había hecho sentir la inmensa conmiseración que le merecía un talento tan pródigo. Carmen Caballero no poseía ningún sentido de la economía, ninguna capacidad para el cálculo material, ninguna posibilidad de atesorar nada de nada como no fueran algunas lágrimas que de vieja se le escurrían por la cara ceniza de polvo al recordar que la habían estafado cuando quiso comprar un terreno y levantar un cuartito para recibir a los «patrones».

En febrero de 1969 Carmen Caballero me dijo:

Siquiera me hubiera quedado un recuerdo de mi trabajo; no me quedó nada, pero yo no me acabé y les puedo servir todavía. Muchas gentes me toman por loca, aunque estas manos saben formar el cartón bonito. Todo se acaba, los pulmones se van acabando, y a pesar de que estuve muy enferma y dejé de trabajar mucho tiempo, aquí vienen los muchachos de la Academia de San Carlos a buscar los payasos y las mascarillas para sus bailes.

Para el carnaval se llevan las cabezotas. Hice unas muertes para una muchacha de la Academia que puso un mural de pura muerte chiquita. También viene el millonario don Antonio que el otro día se llevó seis payasos para una exposición en una escuela. El escultor y pintor Jorge González Camarena quiere que vaya a trabajar con él un molde de concreto. Pero ya viene la Semana Santa y después de Semana Santa tengo que hacer magueyes, pinitos, piñatas…

CARLOS PELLICER CONVIRTIÓ LA CASA DE COYOACÁN EN MUSEO

En julio de 1959 —a cinco años de la muerte de Frida— se inauguró en la casa donde ella nació y murió el museo que lleva su nombre. Quienes habíamos estado antes allí, quienes habíamos conocido la utilidad cierta de las cosas, nos acercamos temerosos de encontrar un ordenamiento frío; pero recibimos la enorme sorpresa de ver aquella singular intimidad convertida, sin haber traicionado el original, en uno de los museos más bellos de la Ciudad de México. Por cierto que no todo pudo quedar como antes. La ausencia irremediable de los habitantes obligó a sustituir el clima cotidiano por un clima supradoméstico. Con delicadísima inteligencia el poeta Carlos Pellicer, esporádico museógrafo, solucionó el problema. Las cosas quedaron casi donde habían estado, pero en vez de conservar un orden habitable adquirieron un orden visible, A los armarios se les sustituyeron las puertas de madera por puertas de cristal. Los cuadros ya no se apoyaban en los rincones del taller; fueron colgados ordenadamente en las paredes. Las cartas y papeles íntimos fueron sacados del secreter y desdoblados en vitrinas donde el visitante podía leerlos detenidamente. Los proyectos no se amontonaban en cajones y canastos, sino que fueron desplegados descubriendo los conflictos de su creador. En las mesas no aparecían rastros de comida, y en la gran cocina las ollas mostraban un brillo de bazar. El cálido desorden de cada día se petrificó en un orden definitivo donde la verdad fue alterada en tanto se hizo necesario acentuar ciertas significaciones.

En las salas dedicadas a la obra de Frida podían apreciarse algunas pinturas, las pocas concluidas o las inconclusas que estaban ahí cuando ella murió. En los cuartos destinados a Rivera no podía el visitante dejar de recordar el museo en la casa de Orozco en Guadalajara, donde también se podía descubrir de manera casi imponderable el conflicto del creador. En la sección de Rivera no había pinturas importantes, apenas algunos bocetos o intentos plásticos juveniles: importante material para el estudioso.

Las habitaciones de Diego y Frida habían quedado casi idénticas a como estaban en los últimos años de sus vidas. Se reconocía que el encargado de ordenar cada cosa había tenido por norma el respeto a la sensibilidad de los dos artistas singularísimos que vivieron allí. Por fuerza, mucho debió quedar en los cajones. Todo había sido distribuido con plausible sobriedad, pero al ser inaugurado se cometió un grave error por olvido que no tenía justificación; en esas paredes donde todo lo importante había encontrado su sitio, Pellicer olvidó colocar alguna fotografía tomada por Guillermo Kahlo, a quien Frida debió los primeros balbuceos en el arte. Junto a unos paisajes de Joaquín Clausell, junto a una litografía de Orozco y unas flores de José María Velasco, debió ponerse y no se puso un pequeño conjunto de fotografías de aquel artista que, en su especialidad, merecía sin duda un sitio de honor, más aún en la casa que él levantó sin imaginar que llegaría a ser un precioso museo de arte mexicano, ese arte que Guillermo Kahlo admiró y al cual sirvió con humildad ejemplar. En el archivo fotográfico del Instituto Nacional de Antropología e Historia y en los fondos de la Escuela Nacional de Artes Plásticas de la Universidad Nacional se conservaban colecciones valiosísimas de sus fotografías, trabajo que hoy, a pesar de los adelantos técnicos en ese campo, puede considerarse insuperado gracias a su penetración analítica y al enorme panorama que abarca. Suyas son las fotografías que ilustran la monumental monografía en seis tomos *Las iglesias de México*, realizada hacia 1924 por el doctor Atl en colaboración con el crítico Manuel Toussaint y el ingeniero Benítez.

Durante muchos años el Museo Frida Kahlo no recibió por parte del Fideicomiso del Banco de México (su custodio por ley) las adecuadas atenciones para conservar su contenido y aun acrecentarlo. El creciente prestigio internacional de Frida y de su obra no tuvo en los responsables, durante muchos lustros, un eco equivalente.

MAESTRA DE JÓVENES

En 1942 la Escuela de Talla Directa de la Secretaría de Educación Pública fue convertida en Escuela de Pintura y Escultura. Funcionaba en un viejo edificio situado en el número 14 de la calle de la Esmeralda (casi un callejón). Constaba el tal edificio de un solo cuarto y un patio, ambos muy grandes, donde se habían distribuido de la mejor manera posible los talleres. Los grupos de las diferentes especialidades se mezclaban en una especie de libertad primigenia capaz de curar de un golpe cualquier inhibición. Los planes pretendían renovar la enseñanza del arte, pues según proclamaba la dirección a cargo de Antonio M. Ruiz, a quien llamaban *El Corcito*: «El lema de esta escuela se basa en el espíritu actual de reconstrucción nacional y, por ello mismo, es y debe ser estudio y trabajo, factores indispensables para incitar un resurgimiento espiritual de las artes de México».

La EPE se creó durante el gobierno del general Manuel Ávila Camacho y cuando se vivía la enorme tragedia de la Segunda Guerra Mundial. El cuerpo de maestros quedó integrado con destacadas figuras del movimiento plástico mexicano contemporáneo: Diego Rivera, Manuel Rodríguez Lozano, Germán Cueto, María Izquierdo, Jesús Guerrero Galván, Federico Cantú, Carlos Dublán, Francisco Zúñiga, Feliciano Peña, Fidencio Castillo, Luis Ortiz Monasterio, Carlos Orozco Romero, Agustín Lazo, Rómulo Rozo, José L. Ruiz, Enrique Azaad y Frida Kahlo. Mientras vivió en México se incluyó al poeta Benjamin Péret para que impartiera clases de francés. Para estimular a los estudiantes no se cobraba colegiatura y se daban gratuitamente los materiales. El sistema de La Esmeralda (los alumnos no tardaron en dar a la escuela ese nombre escueto y funambulesco) se caracterizaba por una total ausencia de rigidez. La relación entre discípulos y maestros era flexible. Se buscaba desarrollar al máximo el poder de iniciativa del alumno. Sistema experimental, un tanto anárquico, del que podían sacar provecho individuos concientes de su capacidad. A quienes les tocó en suerte tener como maestra a Frida Kahlo recibieron mucho más que una orientación didáctica; se les brindó una manera de vivir, de ser y de pensar muy diferente a la habitual, así como preocupaciones de orden nacional y social, una visión solidaria con el pueblo mexicano y, además, un delicioso sentido del humor, populachero y refinado a la vez.

Cuando Frida comenzó a dar clases en La Esmeralda ya se había desarrollado en ella un temperamento extraño y muy particular. Su carácter era fuerte, expansivo y penetrante, y constantemente se rebelaba contra su desgracia. La influencia de Rivera sobre su propia creación hacía mucho que se había diluido. En una carta que les escribe en 1944 a los Wolfe se refiere a su trabajo:

Demasiado para mis ímpetus porque ahora soy máistra en una escuela de pintura (elevación de categoría, pero descanso de juerzas). Entro a las 8 a.m. Salgo a las 11 a.m., dedico ½ hora para recorrer la distancia entre la escuela y mi cantón = a 12 a.m. Organizo en parte lo necesario para que se viva más o menos en forma «decente», que haya comida, toallas limpias, jabón, mesa puesta, etc. = a 2 p.m. Procedo al trague, luego al ablucionen de las manoplas y de las bisagras (sin z, con s, y significa dientes u boca).

Me queda la tarde para dedicarme a la bella pintura, siempre estoy haciendo cuadriches, pues apenas acabo uno lo tengo que vender para que me ajuste la mosca para todos los gastos del mes.

(Cada cónyuge coopera para el sostenimiento de la mansión.)

Cuando se hizo cargo de la cátedra de iniciación pictórica Frida atravesaba un brillante periodo creador. Entre 1943 y 1945, años en que estuvo activa como maestra, pinta una treintena de cuadros, entre los que se cuentan no pocas de sus piezas maestras: *Autorretrato con monos, Raíces, Diego en mi pensamiento, La novia que se espanta al ver la vida abierta, Retrato de Mariana Morillo Safa, Retrato de doña Rosita Morillo, La columna rota, Autorretrato con mono, La máscara, Moisés, A mi no me queda ya ni la menor esperanza... todo se mueve al compás de lo que encierra la panza.*

Las primeras clases de composición monumental, así como las primeras prácticas decorativas que dirigió Frida Kahlo estuvieron muy lejos de cualquier ortodoxia escolástica. Deseando quizás romper, aunque fuera fugazmente, la opresiva quietud de Coyoacán, encontró un buen pretexto en la exhumación de algo que estaba olvidado; la pintura de pulquerías. Seguramente Frida no pensó restaurar tradición alguna; sólo quería divertirse a su manera y para eso sustituyó una vez más la solemnidad académica, que la aburría, por una pompa dionisiaca y juguetona que tendría como pretexto las paredes exteriores de la pulquería La Rosita, situada junto a la residencia que ocupaba en Coyoacán el destronado rey Carol de Rumania.

Para Rivera y su discípulo y colaborador, el arquitecto Juan O'Gorman, la pintura de pulquerías era una creación artística genuina del pueblo, gracias a cuya práctica había arraigado en México la tradición del fresco. En forma exaltada Rivera y sus seguidores oponían al gusto por lo cursi y sensiblero de un sector de la burguesía mexicana, la espontánea picardía, la fuerza irónica de los murales con que pintores anónimos habían decorado las paredes de los expendios de pulque, esos recintos donde los mexicanos más humildes sueñan, juran, añoran, confabulan, confiesan, chillan, mueren o comienzan a vivir. Consideraban que la prohibición de pintarlas era un triunfo de los europeizantes deformadores del carácter nacional. Juan O'Gorman era de los que sostenían que el más atrasado de los mexicanos jamás renuncia al goce estético porque es en él una función vital, tanto o más urgente que cualquiera otra; que si los adornos desaparecían del muro el pulque le sabría diferente al parroquiano, que si las paredes volvían a la simple condición de tabique separatorio faltaría el catalizador para encadenar las expansiones.

Por su parte, José Clemente Orozco, cuyos primeros garabatos muralísticos habían tenido lugar justamente en las paredes de un café-cantina, se congratulaba de que las transformaciones sociales hubiesen acabado con esa y otras expresiones que él consideraba propias de un pueblo atrasado y envilecido.

El movimiento de revaloración de la pintura de pulquerías se había fortalecido. En un esfuerzo por restablecer las decoraciones, Juan O'Gorman pinta entre 1926 y 1927 las paredes de cinco pulquerías. Lo cierto es que la provocada decadencia de las pulquerías marca el comienzo del ascenso industrial de México. Quizás por eso Orozco, convencido de la necesidad de un progreso generalizado, escribío una negación rotunda en su *Autobiografía*, redactada a pedido del periódico *Excélsior*:

> Entre 1924 y 1926 apareció la patraña de la pintura de pulquería, expresión sublime del genio plástico del pueblo mexicano, poderosa e inmortal creación de una raza cósmica, convulsión telúrica, trasunto de cosmogonías ancestrales y aliento de los dioses, etcétera … Las pobres pinturas de pulquería han desaparecido todas sin dejar huella; no precisamente a causa de convulsiones telúricas, sino por estar pintadas con engrudo y cola. Hace unos días vi todavía por la colonia San Rafael una pulquería que se llama Los Tigres, y sólo por el nombre podría suponerse que quisieron pintar tigres. Eran más bien perros sarnosos, sin gracia ni originalidad ninguna. Es inútil buscar por la ciudad las demás creaciones plásticas de pulquerías del pueblo mexicano. No queda una sola.

Los muros de La Rosita le sirvieron a Frida para la práctica de pintura mural que estipulaba el programa oficial de la escuela; sólo que su fantasía la llevo a rodear esa práctica de una graciosa reconstrucción de época en una mezcla soberbia de pedagogía moderna y compromiso comunitario. Los dieciséis alumnos del grupo presentaron proyectos ajustados a la tradición de la pintura de pulquerías. Las composiciones que se eligieron, por tema y estilo, se ligaban a la iconografía que caracterizó la producción de las Escuelas al Aire Libre: representación idílica de escenas campesinas, complementadas con elementos decorativos de formas vegetales. Estos últimos parecían derivación de las enseñanzas impartidas veinte años antes por Adolfo Best Maugard. Rivera les dio a los novatos muralistas algunas orientaciones técnicas y, animados por Frida, los estudiantes se empeñaron en una pintura minuciosa, de buen acabado, que enaltecía a la familia rural en sus labores y hábitos domésticos.

La inauguración de los murales de La Rosita consistió en una verbena cargada de teatralidad. El día señalado, desde muy temprano, por plazas, mercados y calles de Coyoacán se repartieron volantes que anunciaban: «Hoy, sábado 19 de junio de 1943, a las 11 de la mañana, grandioso estreno de las pinturas decorativas de la Gran Pulquería *La Rosita*».

Apadrinó el acto el director de La Esmeralda, Antonio M. Ruiz. Hubo cohetes, bombas, globos, confeti, juegos pirotécnicos, banda de mariachis, desfile de personalidades desde la casa de Frida hasta la pulquería; se sirvió una suculenta barbacoa rociada con los mejores pulques que se trajeron especialmente de haciendas de prestigio. En el momento culminante el alumno Guillermo Monroy entonó el corrido que había escrito especialmente para la ocasión:

Para pintar La Rosita
mucho trabajo costó.
Del arte de pulquería
la gente ya se olvidó.

Doña Frida de Rivera
nuestra maestra querida,
nos dice: Vengan muchachos,
yo les mostraré la vida.

Amigos de Coyoacán,
si se quieren alegrar,
La Rosita *les da gusto,*
¡miren qué bonita está!

Yo no quiero emborracharme
ni mirar bizco ni doble,
sólo quiero estar alegre,
¡que ése es el gusto del pobre!

Hasta entrada la noche se cantaron las más hermosas canciones populares y revolucionarias. Frida Kahlo no fue la «esfinge nocturna», sino la alegría a pesar de todo, en plena calle, rodeada de alumnos, amigos y vecinos del lugar.

Pintadas al óleo, sin muchos miramientos, las decoraciones a la intemperie en los muros exteriores de La Rosita duraron mucho más de cuanto hubiera podido preverse.

Creyendo que podría sobreponerse a sus dolencias sin fin, Frida inició el curso en el inhóspito local de la escuela al numeroso grupo de estudiantes que se habían inscrito en sus clases atraídos por su fama o por sus ricos e insólitos atavíos de tehuana que arañaban el suelo con sus almidonados olanes de encaje, o por la rara joyería con las que se adornaba de manera opulenta. Las tiránicas exigencias de un cuerpo lacerado la obligaron a volver al encierro del que había tratado de escaparse. Pero las convivencias con los jóvenes le reportaba una alegría a la que ella no quería renunciar. Hizo trámites y logró que las clases continuaran en su casa. La dirección de la escuela apoyó el plan abonando los pasajes de los alumnos que diariamente, de lunes a viernes, viajaban hasta Coyoacán. La casa azul de Coyoacán, con su pulpa y su cáscara, fue el aula maravillosa para las clases de pintura que Frida no pudo dar en el pobre taller de La Esmeralda.

El grupo que inició las peregrinaciones a Coyoacán era bastante numeroso; pero las deserciones redujeron su número a cuatro; tres jóvenes y una muchacha, que se entusiasmaron con los métodos pedagógicos de aquella maestra singular. Ellos fueron Fanny Rabel, Arturo García Bustos, Guillermo Monroy y Arturo Estrada; grupo fraternal al que sus compañeros de generación apodaron Los Fridos. Ellos pintaban lo que se les antojaba. Las clases eran serias pero completamente informales. Si alguna disciplina cabía en ese medio era una disciplina interior, autodeterminada. Frida Kahlo no fue una maestra en el sentido académico; era una iniciadora, una introductora que lo mismo les hablaba a sus discípulos de empastes o equilibrios que de las corrientes ideológicas de nuestro tiempo o del valor político del folclor. Con el mismo arrebato, con la misma empatía señalaba las torpezas en el trazo que una falsa interpretación de los trágicos episodios de la guerra que en esos días desgarraba a Europa y al mundo. Con similar insistencia los obligaba a retener la letra de un corrido de la Revolución de 1910 que las sentencias leninistas sobre el arte y las masas:

El arte pertenece al pueblo. Debe echar sus raíces más profundas en las grandes masas laboriosas. Debe ser comprendido y estimado por esa masa. Debe unir los sentimientos, el pensamiento y la voluntad de esas masas, elevarlas a un nivel superior. Debe suscitar y desarrollar artistas entre ellas.

A solicitud del Instituto Nacional de Bellas Artes, en ocasión de una muestra de pintura mexicana en Lima, Perú, poco después de la muerte de Frida, Rivera escribió:

Formó discípulos que figuran hoy entre los elementos más valiosos de la generación de artistas mexicanos. A estos los impulsó siempre hacia la conservación y desarrollo de la personalidad en su trabajo y hacia la clarificación social y política de las ideas.

Rivera no sólo no colaboraba con Frida en la enseñanza artística, ni siquiera se acercaba a ver qué hacían los discípulos. El tenía su estudio en San Ángel, cerca pero lo suficientemente lejos como para evitar las tensiones que provoca el trato continuo entre dos temperamentos hipersensibles. Los Fridos solían verlo de lejos en las raras ocasiones en que se quedaba en Coyoacán, de donde salía habitualmente muy temprano por la mañana para regresar a altas horas de la noche.

Pese a su ausencia física Rivera era el canon, la perfección a la que debían aspirar los novicios, ¿Y quién era Rivera? Era el más metódico, el más laborioso, el más informado, el más profesional y el más libresco de los pintores mexicanos. Talento precoz, con una sed de sabiduría poco común, había ido quemando sistemáticamente, con una tenacidad lúcida y científica, las diversas etapas que lo llevaron a un dominio prodigioso de su técnica y de sus intenciones. Era un fanático del hacer artístico; había vendido su alma a la pintura (Balzac de los colores) hasta quedar vacío de sí, desolado de sí, enajenado, repleto de los otros, de las cosas, ahíto de civilización. La pintura —eminentemente expositiva, didáctica, alentadora— no dejaba nada al acaso; no confiaba en la imaginación del espectador ni en la propia; todo lo revisaba, todo lo recontaba. (Hay que saber dónde estamos y de dónde venimos para saber a dónde vamos.) Si representaba un objeto lo describía en sus detalles más específicos; si planteaba una situación hacía que concurrieran a ella las criaturas decisivas para el desenlace; si detractaba en imágenes alguna circunstancia daba inmediatamente la contrapartida exaltando su opuesta. Vigilante rigor racionalista que sólo se permitía la ligereza de algunas humoradas y la licencia poética o sentimental de un panteísmo voluptuoso. En las manos de ese pintor delicadísimo, prolífico hasta lo fenomenal, en los miles de kilómetros cuadrados de pintura al fresco que producía sin descanso, México iba integrando un rostro que tenía su coherencia y su verdad.

Para sus grandes composiciones de estructura lógica Rivera utilizaba el clasicismo y su última derivación, el cubismo; para expresar su optimismo panteísta se valía del impresionismo y de su extrema consecuencia, el fauvismo; para relatar historias, recurría al naturalismo y a su cláusula más flexible, el folclorismo; para dar tiempo y movimiento a las representaciones se servía del romanticismo y de su instancia retrospectiva, el arqueologismo. Puede decirse, entonces, que Rivera era un artista académico de nuevo tipo, lo suficientemente avanzado como para crear con fórmulas conocidas un arte novedoso, mexicano por su carácter y contenido, universal por su significado.

Seguramente Los Fridos no recibieron una explicación precisa de esa gigantesca personalidad; nadie creó para ellos un método de acercamiento sistemático a su genio creador; pero en esa especie de convivencia a la que los había arrastrado la maestra Kahlo fueron asimilando en forma tácita los principios estéticos que habrían de aferrarlos por largo tiempo al realismo riveriano.

Mientras otros maestros de La Esmeralda urgían a los estudiantes a terminar rápidamente los ejercicios pictóricos, Frida Kahlo les dejaba encontrar su propio ritmo de producción. Pero cada ocho días, al principio, y cada quince o treinta días más adelante, promovía una crítica colectiva prolija, tendiente a desarrollar, antes que otros, el sentido autocrítico, al que debía sumarse armónicamente un sentido de solidaridad con las clases menesterosas, fortalecido con los fundamentos del marxismo. El imperativo era uno, ineludible: el pintor debía ser útil a la sociedad, un combatiente que por su obra debía ganar posiciones en los primeros puestos de la vanguardia; su pintura debía ser un arma en la lucha de clases. Ideal inalcanzable aun para la misma Frida, quien me había confesado: «Mi pintura no es revolucionaria, para qué me sigo haciendo ilusiones de que es combativa. No puedo».

La conciencia de esa limitación hacía que no pusiera como ejemplo sus propios cuadros; tan sólo ofrecía, a quien pudiera entenderla, la clave mágica de su paleta, consignada por ella en su *Diario*, entre ilustraciones meditativas o de pesadilla.

Verde: luz tibia y buena.

Solferino: Azteca Tlapalli. Vieja Sangre de tuna. El más vivo y antiguo.

Café: color de mole, de hoja que se va. Tierra.

Amarillo: locura, enfermedad, miedo. Parte del Sol y de la alegría.

Azul cobalto: electricidad y pureza, Amor.

Negro: nada es negro, realmente nada.

Verde hoja: hojas, tristeza, ciencia. Alemania entera es de ese color.

Amarillo verdoso: más locura y misterio. Todos los fantasmas usan trajes de ese color... o cuando menos ropa interior.

Verde oscuro: color de anuncios malos y de buenos negocios.

Azul marino: distancia. También la ternura puede ser de este azul.

Magenta: ¿sangre?, pues ¡quién sabe!

Después de la primera práctica mural —acción muy instructiva para quienes supieron balancear los valores que se pusieron en juego— la maestra Kahlo les consiguió a Los Fridos los muros de unos lavaderos públicos levantados por el esfuerzo de un grupo de humildísimas lavanderas en medio de unos baldíos de Coyoacán, a los que habían puesto el nombre «Casa de la mujer Josefa Ortiz de Domínguez». Posteriormente este nombre fue cambiado por el de Ana María Hernández.

El asunto que desarrollaron Los Fridos en los tres muros de los lavaderos era la vida y pasión de las mujeres que concurrían a ellos diariamente; madres solteras o viudas, mujeres abandonadas, esposas que debían responder a todas las necesidades de un hogar deshecho por el vicio, muchachas huérfanas y desamparadas. Para enaltecerlas en su amarga condición social Los Fridos se apegaron a una estética realista socialista; causas y efectos, exposición de motivos y mensaje. Para superar tu actual condición, cuyas causas objetivas exponemos gráfica y claramente ante tus ojos —parecían estar diciendo con las pinturas— debes luchar con toda tu conciencia, junto a tus iguales, tomando como ejemplo a las preclaras mujeres de la historia patria, con el fin de acelerar el cambio de la sociedad en que vives. De tu voluntad depende tu dignidad y debes ser optimista, porque si algo has conquistado hasta el presente, gracias a tu sentido de solidaridad humana, mucho más conquistarás en el futuro gracias a tu adhesión a un programa político.

El 7 de marzo de 1944 Frida le escribió al ingeniero Marte R. Gómez, entonces Secretario de Agricultura y Fomento del presidente Manuel Ávila Camacho:

> Compañero Marte,
>
> Aquí le mando una invitación para que si tiene un «quinto de rato» venga a ver las pinturas que los muchachos de mi clase de la Escuela de Pintura y Escultura de la SEP han hecho en unos *lavaderos* en Coyoacán. El Ing. Morillo ya las vio, él le puede decir su impresión y estoy segura que se animará a venir. Si le cae gorda la fiesta *oficial* de las diez de la mañana, puede llegar más tardecito o venir a la hora que usted pueda, pero le ruego que no lo eche al olvido.

En 1944 Frida recibió el encargo de unas decoraciones para los salones de banquetes matrimoniales del hotel Posada del Sol. Imposibilitada para realizar el esfuerzo físico que demandaba la pintura mural, consiguió que el señor Saldaña Galván, dueño del hotel y amigo suyo, pasara el encargo a los discípulos. En la época de esos frescos terminó para los Fridos el periodo escolar. Algunos recibieron en La Esmeralda el pomposo título de «Trabajador de las artes plásticas/Artista pintor», que no servía para nada.

A fines de 1944 los maestros de La Esmeralda organizaron en el Palacio de Bellas Artes una muestra del trabajo de sus alumnos; era la primera exposición de más envergadura que presentaba la escuela y el éxito superó de tal manera las previsiones que muchos de los ochenta y cuatro debutantes entre pintores y escultores (incluidos Los Fridos) confirmaron su vocación. Reconocidos los Fridos como un grupo homogéneo, la Escuela de Pintura y Escultura auspició, en una salita de artes plásticas que funcionaba en la calle de Palma, una exposición de sus obras, inaugurada el 1 de febrero de 1945. El mismo año Fanny Rabel (quien todavía firmaba con el apellido paterno), expuso en agosto, en la Liga Popular Israelita, 24 óleos, 13 dibujos y ocho grabados. La presentación se la escribió Frida:

> Fanny Rabinovich pinta como vive, con un enorme valor, inteligencia y sensibilidad agudas, con todo el amor y la alegría que le dan sus veinte años. (*Fanny había nacido en Polonia en 1922*) Pero lo que yo juzgo más interesante en su pintura es la raíz profunda que la liga a la tradición y a la fuerza de su pueblo. No es pintura personalista sino social. Le preocupan fundamentalmente los problemas de clase, y ha observado, con una madurez excepcional, el carácter y el estilo de sus modelos, dándoles siempre una viva emoción. Todo esto, sin pretensiones, y llena de feminidad y finura que la hacen tan completa.

Admiradora del paisajismo y de la llamada pintura popular mexicana del siglo XIX, Frida había inducido a sus alumnos a ejercitarse en el dominio de los detalles más nimios; era importante también que el ámbito representado fuera amplio, con perfecto dibujo de arquitecturas y arboledas, fidelidad documental en el más insignificante elemento complementario. Los trabajos presentados en la primera muestra de Los Fridos respondían a esa tendencia. Podría pensarse que en 1945, en plena vigencia de la fotografía y el cine documental, una preocupación artística de esa índole no sólo era anacrónica, sino retrógrada, juicio que encontraba apoyo en toda la prédica formalista dentro de la estética contemporánea, la cual tendería a considerar el pasado del arte como una opresión de la que era necesario liberarse para lograr el descubrimiento de lo nuevo. Pero el esfuerzo inicial de Los Fridos no tendió a lo nuevo, el sujeto de sus inquietudes fue la simpleza y la claridad de los artistas del pasado, claridad y simpleza que ellos también necesitaban para enaltecer las cosas del pueblo. Además, se dieron cuenta de que era necesario rescatar algunas formas olvidadas o desprestigiadas para lograr un enriquecimiento cabal del arte mexicano del presente. Estaban seguros de que siguiendo esas huellas conquistarían su propia cultura artística y una forma plástica original.

Llegó un momento en que Los Fridos comprendieron que necesitaban contactos más amplios que el medio ofrecido por la maestra Kahlo. Había llegado la hora de compartir los problemas y las tareas del arte con su generación. Se unieron a otros estudiantes y constituyeron la Unión de los Artistas Jóvenes Revolucionarios. Las primeras actividades del grupo consistieron en exposiciones de alcance popular en parques, mercados y barriadas proletarias. Actividad insólita en la ciudad, no tardó en llamar la atención de muy diversos sectores del público, más aún cuando en vez del pintoresquismo habitual en este tipo de exposiciones los jóvenes artistas habían puesto cuidado en darle alcances sociales y Los Fridos, en particular, un alcance concretamente político. Los sitios preferidos por los jóvenes pintores fueron Coyoacán, Tacubaya, la Alameda Central, Azcapotzalco, el Bosque de Chapultepec y el Jardín de Santa María la Ribera. Ponían sus improvisadas muestras los días de plaza; en Coyoacán los viernes, en Tacubaya los sábados, en Chapultepec los domingos.

Para celebrar el trigésimo quinto aniversario de la Revolución de 1910, los Jóvenes Artistas organizaron en los jardines de la Alameda Central la Exposición de Arte Libre 20 de Noviembre. Para ese festejo tres de los Fridos —Estrada, Bustos y Monroy— pintaron en equipo un cuadro titulado *Quiénes nos explotan y cómo nos explotan*, compuesto con base en un esquema dialéctico de las fuerzas que oprimen al pueblo mexicano. El público muy numeroso que visitó la exposición al aire libre no hizo el menor reproche al cuadro, ni como obra de arte ni como expresión de un pensamiento político. Pero lo representado en el cuadro mereció que manos anónimas lanzaran contra ella una buena cantidad de ácido sulfúrico que deterioró la pintura. Hubo un movimiento de protesta. Los jóvenes pintores, apoyados por numerosos artistas de renombre, reclamaron a las autoridades la falta de vigilancia y protección para sus creaciones. Pedían indemnización, reglamentos a ese respecto, que el Departamento de Artes Plásticas de la Secretaría de Educación Pública fijara con su actitud un antecedente. Todo terminó cuando un fortuito comprador se llevó la pintura pagando por ella novecientos pesos.

El escándalo se produjo porque el mensaje no dejaba lugar a dudas; tras un altar con la venerada imagen de la Virgen de Guadalupe emergía el arzobispo que oraba contrito mientras sus orejas de fauno se ponían tensas para recibir los consejos del embajador del imperialismo, que del brazo del capitalista y acogotando al político, susurraba sus planes contando con el apoyo del militar inescrupuloso que en una mano empuñaba una daga con gesto criminal, mientras tendía la otra para recibir las monedas que el amedrentado político le ofrecía. El grupo estaba sostenido por fábricas e iglesias, de las cuales emergía la masa de obreros y campesinos sojuzgados, muertos de hambre, que acudían a depositar su óbolo en una inmensa alcancía colocada al pie del altar, en cuyo pedestal aparecía el ojo del Santísimo observando los cuerpos desfallecidos de las víctimas de la miseria.

Abordado por los periodistas, Rivera declaró:

Es una obra de cualidades plásticas indudables, composición equilibrada, forma expresiva, y color armónico. Como asunto, es la pintura exacta del estado social de México en 1945. Se trata del *lumpenproletariat* que yace en basureros, agonizante de hambre, suciedad y miseria. Proletariado desnutrido, depauperado y estupidizado por la neurosis religiosa, que deambula entre las fábricas, donde se le explota, y la ciudad roñosa de tan colonial, donde alberga su analfabetismo, dejando (centro de la composición) mucho de lo poco que gana para mantener la gloria del sustituto del ídolo antiguo. Sobre todo esto los explotadores: el arzobispo, el banquero imperialista, el señor de la guerra, que sólo sirve para hacerla contra el pueblo, y el demagogo que disfraza la acción de los otros explotadores. El pueblo no reaccionó contra el cuadro porque siente la verdad de su situación cuando se la pintan clara; el ácido, echado precisamente en la cara del demagogo, proviene seguramente de algún habitante de institución pseudocultural, no importa cuáles sean las iniciales que correspondan a ésta. Ácido, compra, etcétera, consiguieron que el cuadro fuera retirado de la exposición antes de tiempo; eso es precisamente lo que querían conseguir todos los guadalupanos e hijos de San Francisco. (*Revista Tiempo*, diciembre 7, 1945.)

Para fortalecer su posición después del atentado, el grupo publicó el 11 de enero de 1946 un manifiesto dirigido «Al pueblo de México», revelador de la euforia socialista que imperaba en el sector más avanzado y activo en la vida cultural:

Los pintores, escultores, escritores y grabadores más jóvenes de México nos hemos organizado en un grupo que tiene como fines los siguientes puntos:

En primer lugar, poner nuestra producción artística en contacto directo con nuestro pueblo, lo que haremos por medio de exposiciones ambulantes al aire libre, en plazas, mercados, jardines y otros lugares.

En segundo lugar, utilizar el arte, que es nuestro medio de expresión para luchar en contra de todos aquellos bandidos y explotadores que atropellan al pueblo de mil maneras, haciéndole llevar una vida miserable y nada humana, dificultando su libertad y su progreso.

Y en tercer lugar, nosotros, los artistas más jóvenes de México, nos ponemos al lado de los grandes y verdaderos revolucionarios para seguir luchando por el progreso social, económico y político de México, es decir, que lucharemos con todo empeño por que la vida de México sea, cada vez más, una vida mejor.

Aunque después de la operación de 1946 en Nueva York, Frida no volvió a dar clases, siguió atenta el desarrollo de quienes habían sido sus discípulos; la prueba está en una recomendación que el 18 de febrero de 1947 le escribió a Carlos Chávez, quien el 1 de diciembre de 1946 había asumido el cargo de director del recién constituido Instituto Nacional de Bellas Artes.

Querido Carlitos;
En mi lugar va esta cartita, con la que te llevan mis saludos cariñosos tres muchachos pintores, Bustos, Monroy y Estrada, que estuvieron en mi clase de la Escuela de Esmeralda. Yo querría acompañarlos a verte, pero desgraciadamente me «agarró» la «agriposidad» y estoy tumbada en la cama.

Diego y yo te hablamos de ellos en una ocasión, y en nuestra opinión son los mejores pintores, entre los más jóvenes que hay ahora en México. Tienen además de talento unas enormes ganas de trabajar, pero como siempre, en estos casos, no tienen «fierrada». Su mayor ilusión es hacer un viaje de trabajo a Yucatán, para hacer una exposición después aquí. Todo lo que necesitarían en realidad, sería un viaje pagado y algo de «mosca» para vivir *muy modestamente* el tiempo que estuvieran trabajando allá (ellos te dirán cuánto tiempo tienen en proyecto). Si te fuera posible *comisionarlos oficialmente*, aun si les proporcionaras lo estrictamente indispensable, les darías una ayuda inmensa dándoles ocasión de trabajar a gusto, teniendo asegurada aunque fuera por corto tiempo, su casa y comida. Si te es posible arréglales algo, a mí me daría una alegría muy grande, pues sé que los muchachos *valen* y estoy segura de que cumplirán con toda formalidad su trabajo, porque los conozco hace más de cuatro años, durante los que han trabajado constantemente con un ahínco enorme logrando un adelanto continuo sin la menor pedantería ni pretensiones. Ojalá, Carlitos, que puedas hacer algo por ellos. Te lo agradezco por anticipado, pues estoy segura de que harás cuanto esté de tu parte… Al mismo tiempo te ruego que los tengas en cuenta para cuando empieces a adquirir obras de pintores destinadas a formar el museo que tienes en proyecto. Perdona las molestias que mi súplica te cause.

Aunque Frida no impartía ya clases, había seguido recibiendo su sueldo, lo cual chocaba con su prurito de claridad y rectitud en torno al dinero. Para resolver el problema le escribió el 20 de febrero de 1947 al director Antonio Ruiz:

… qué hago con respecto a la Escuela. Tú has sido re riata conmigo y te lo agradezco con todo «my heart», pero ya me arde la faz de puritita vergüenza de estar «mermando» el erario público sin hacer «nothing», y francamente, manis,

no puedo dar las clases como antes, porque de plano no podría ir allá todos los «days» con todo y aparejo, es decir
«corset» u arpa, y la principal razón es que solamente en
«the morning» me siento con energía «atómica» suficiente,
y las «afternoons» decaigo cual globo desinflado y me urge
proceder a entregarme en los brazos de Morfeo por unas
horitas … Por estas razones y las ganas de pintar… has sido
tan jalador a lo machín con ésta tu cuatezona que tanto te lo
agradece y aprecia. El otro día vi a Carlos Chávez y le dije
que te habías portado conmigo re suave y armonioso, pero
que este año pensaba renunciar a la clase por todas las razones que te doy en este papiro, y me dijo que *no quiere que
renuncie de ningún modo*, ¿Qué hago mano? Sigo «ratián-
dome» la «moscota» a lo vil, haciendo la pen… sadora mexicana, y disfrutando de los trescientos «lócodos» que no
podría llevarse Miguel… (*se refiere al presidente Miguel Alemán, quien desde el principio de su gobierno no gozaba de
buena fama en cuestiones económicas*) ¿o me pongo ¡digna,
digna! y te mando el escritito u «papiro» llamado «renuncia»? Please joven, dime lo que de tu corazón nazca, pues
estoy muy intranquila, piensa que te piensa en lo que debo
hacer para no aparecer como una jija de la chi… fosca ante
tus bellos ojazos. Porque acuérdate que nuestras mamás nos
educaran muy decentemente y nos dijeron que no debemos
llevamos a nuestras casas «lo ajeno» ni para enseñarlo a
chiflar, así es que estoy verdaderamente intranquila de
«conciencia», Ayúdame a salir de este trance tan «difícil»
¿quieres? Porque te diré que no quiero que los muchachos
mismos se den cuenta de que su «maistra» es one «rupa»
vulgar. ¡Espero con ansias locas tu solución al crucigrama.

No tires en saco ahujereado u rompido mis palabras, y échame una llamada…

En 1952 Frida considera que había llegado el momento de renovar la decoración de la pulquería La Rosita y para ello acudió a los ayudantes de Rivera en el relieve monumental del estadio de la Ciudad Universitaria, entre quienes se encontraban dos de Los Fridos: García Bustos y Estrada. Para esta segunda versión se cambia la técnica de óleo por la de fresco, y como la repintada se hacía para celebrar los 76 años de Rivera, se decidió representar los sucesos sentimentales más comentados del momento y que en cierta medida provocaban los celos de Frida. Fue ella quien eligió a la actriz María Félix, a la poeta Guadalupe Amor y a su propio marido como los personajes centrales de la composición *Amamos la paz y el mundo de cabeza por la belleza*, donde ella misma tenía papel protagónico.

La segunda exhumación de la pintura de pulquerías por un grupo a las órdenes de Frida sirvió para ejercitar de manera compartida el sentido de humor, humor complejo, negro a veces, siempre con inventiva para la sátira y con algún tinte de melancolía.

La inauguración de los murales de La Rosita en la segunda versión fue tanto o más sonada que la primera. La periodista Rosa Castro, quien participó en la celebración, evocó años después los entretelones, el revés de la trama. En el periódico *El Día*, en su columna «Galería del Mundo», escribió Rosa el 19 de julio de 1966:

Frida hablaba de sus males como quien se refiere a una retorta con un extraño animal adentro que se resiste y resiste el fuego.

Aquellos corsés que llevaba, ¡ay!, de metal, de cuero, de yeso, que ella se distraía en pintar con violeta de genciana, con mercurio-cromo, que tachonaba con espejitos de danzantes y pegaba con plumas de colores a la altura del pubis. Aquellos corsés de Frida Kahlo, que para colocárselos había que colgarla de un grueso cable pendiente de una viga en la habitación de la casa. Aquellos corsés que tanto la torturaban, ¡cómo los recuerdo! Y cómo recuerdo bien la tarde aquélla; caía la noche cuando decidió quitárselo. «¡No más!», había dicho, y sin el corsé, sin el sostén de su frágil columna, se fue, se lanzó a la calle a una posada pública para celebrar la inauguración de pinturas suyas en una pulquería cercana a su casa en Coyoacán.

Yo la esperaba en la casa. Entre mil gentes. ¿Mil? Tal vez más. Se multiplicaban por todas partes; por los jardines, entre los objetos arqueológicos, por la pirámide, bajo la inmensa bugambilia de la terraza, en las habitaciones de las calaveras de Colima, en la de los retablos y en la suya propia, que ese día me pareció alucinante, espectral y grotesca: de las vigas del techo colgaba una multitud de grandes judas, a medio metro de distancia entre sí, de frente y de lado, y todos ataviados con ropa de Frida y Diego; de aquellas faldas plisadas y pantalones salían piernas de cartón y papel en continuo movimiento, pues eran separadas por quienes pasaban por la habitación. Y allí estaba su lecho, aguardándola, con sus cuatro columnas negras que luego sostenían una especie de capacete de espejo.

Un griterío en la calle nos llevó a la puerta, el gran portón de la entrada. ¿Cómo describir aquello, aquel cuadro que hacía juego con la alucinante habitación? En primer término venía Frida, el cabello suelto, tambaleándose, excitada, los brazos en alto. Siguiéndola, una muchedumbre que gritaba, cantaba, reía y chiflaba. Entre la polvareda que levantaban y la obscuridad que por instantes se acentuaba, aquello parecía una loca rebelión funambulesca de seres inventados por la propia Frida. Ella llegó con dificultad hasta el portón gritando; ¡Nunca más! ¡Nunca más, pase lo que pase! ¡Nunca más!

¡Qué enorme disciplina espiritual la llevó a sobrepasar su propia situación, su concreta realidad, el límite racional de su condición física y de su estado de ánimo! En un golpe de ingenio mezcló muralismo y folclor en una mascarada que tenía una tremenda carga de sugestiones. Surrealismo en estado puro, sin rebuscamientos de escritorio, sin estreñimientos intelectuales. Aquello fue un «acto» surrealista donde la pintura propiamente dicha ocupó un lugar secundario. Si muchos cuadros de Frida perduran por una excepcional calidad, el mural *Amamos la paz y el mundo de cabeza por la belleza* tuvo la categoría ligera que correspondía al juego, al golpe de dados que tanto entusiasmaba a Mallarmé.

Aunque la tutela de Frida hacía mucho que había terminado, el afecto de sus discípulos no sólo persistió, sino que se hizo más profundo a medida que los pintores fueron madurando. Buena prueba de ello es el retrato de Frida muerta que Arturo Estrada presentó en su primera exposición individual en el Salón de la Plástica Mexicana, en junio de 1955. La introducción que Diego Rivera escribió para el catálogo está impregnada de un dolor no superado. Juega con las palabras, especula sobre la muerte y añora la presencia de aquella a la que él nunca se hubiera atrevido a representar sin vida.

La tragedia de Arturo Estrada es la nuestra, es la tragedia implícita bajo la luz, el color radiante y las flores maravillosas e ingenuas, porque la más reata, amable y chistosa de nuestras amigas es la calaca, catrina o pelada, y desde niños mordemos calaveras de azúcar, y cuando adultos acostumbrados estamos a velar muertos con cabezas de cerillos. Y cuando ocurre nuestra tragedia, mientras más honda, profunda e irreparablemente atroz, la recibimos con maravillosos adornos florales, la acompañamos con músicas y cantos y después del esplendor del gran fuego bailamos, comemos y bebemos nuestro dolor por el fin del amor insustituible. Y entonces nuestra amiga la calaca se disfraza de la más bella de las diosas mujeres, nos toma del brazo, y con su caricia inigualable ayuda a nuestro dolor para que nos consuma lentamente y que Coatlicue, omnipotente, presente e indivisible, envuelva todo y todo lo que crea devore, bajo la gloria de la luz, de la sonrisa y la belleza, rodeada de flores, como en la vida-muerte de Frida Kahlo, obra maestra del discípulo que la amó y fue amado, con todos los otros y con la Justicia y la Paz, quien pintó de Ella uno de los más bellos cuadros que se han producido en México.

Pese al patetismo de la sindéresis de Rivera, hipersensibilizado por la pérdida del gran amor de su vida, el *Retrato de Frida*

Kahlo muerta, hecho por Arturo Estrada, posee cierto acento risueño, o por lo menos antitétrico. Frida aparece rodeada de flores silvestres, como una bella durmiente que hubiera hallado por lecho una gran batea de esas que desde tiempos remotos fabrican y decoran vistosamente los indígenas de Uruapan.

Para la segunda exposición individual de Arturo Estrada en el Salón de la Plástica Mexicana, en julio de 1958, la muerte invocada por Rivera había acudido a la cita. Uno de los veintiocho temples era el *Retablo de Diego Rivera*, donde el cadáver del pintor reposa entre alcatraces en un rincón de su estudio, junto a los gigantescos judas de Carmen Caballero, los cuadros inconclusos y las figuras de las deidades antiguas que parecen estar llorando su muerte.

En 1957 un matrimonio de norteamericanos —William y Noma Copley—, por mucho tiempo protectores y amigos de casi todos los surrealistas, máximos coleccionadores del arte surrealista en Estados Unidos, le pidieron a su íntimo amigo Marcel Duchamp (a quien Frida tanto había estimado) que buscara en México a un joven pintor con auténtica propensión surrealista para beneficiarlo con un premio-estímulo de mil dólares. Después de visitar no pocos talleres, Duchamp eligió a Arturo Estrada, seguramente el más original y talentoso de Los Fridos, quien llegó a ser director de la Escuela Nacional de Pintura y Escultura (La Esmeralda). Puede suponerse que a Duchamp le impresionaron en la obra de Estrada la coexistencia aparentemente absurda de elementos; flores y animales fantásticos, ingenuos y primitivos, dispuestos con un equilibrio limpio de cualquier tradición académica. La resonancia de lo popular mexicano tuvo para Duchamp la fuerza persuasiva de lo arbitrario, del disparate que evoca la realidad para cuestionarla. Lo mismo le había ocurrido veinte años antes a Antonin Artaud con María Izquierdo.

Debido a que la última voluntad de Rivera no fue respetada, sus cenizas no se confundieran con las de Frida en la casa de Coyoacán. Guadalupe y Ruth Rivera Marín, las hijas de Diego, y su mujer legal a la hora de su muerte, Emma Hurtado, le negaran el «descanse en paz» que él había elegido. ¿A qué obedeció esa actitud? A un egoísmo pueril, a una falsa medida de las cosas. Su vanidad se complacía más sabiendo al padre y marido en la Rotonda de los Hombres Ilustres del Cementerio Civil de Dolores. Quizás pensaron que con un homenaje impregnado de prosopopeya tradicionalista, de respetabilidad oficial, impondrían a Rivera, póstumamente, una personalidad que no era la suya. Las alteraciones se justificaron diciendo que el acto tenía carácter nacional. ¿Qué, siendo como era, pensando como pensaba, haciendo lo que hacía, disponiendo lo que había dispuesto. Rivera no hubiera merecido el homenaje de la nación mexicana? Si de eso se trataba hubieran tenido que inventarle al artista una biografía y alterar el contenido de su obra más importante, porque tanto una como otra habían respondido íntegramente a una ideología que si se hizo presente en el homenaje póstumo fue a pesar de los familiares y de las autoridades que lo planearon y vigilaron para evitar que se volviera a repetir el escándalo que se suscitó cuando Diego Rivera, en el velorio de Frida en el vestíbulo del Palacio de Bellas Artes, cubrió su féretro con la bandera del partido Comunista Mexicano. Aquel escándalo culminó con la expulsión del director del INBA, Andrés Iduarte, por no haber impedido que la bandera de los comunistas figurara en un acto luctuoso que transcurría en un recinto oficial.

Las burdas tergiversaciones que se desataron a la muerte de Rivera provocaron muchos comentarios. Se decía que Guadalupe Rivera Marín no quería molestar su carrera política en el Partido Revolucionario Institucional; se decía que el Instituto Nacional de Bellas Artes había amenazado con una estrategia de despreocupación respecto de Rivera y de su obra si en el programa luctuoso se incluían oradores del Partido Comunista Mexicano. Las autoridades hubieran podido ejercer todo tipo de presiones; en manos de sus familiares, de sus íntimos o de sus allegados estaba haber hecho cumplir su última voluntad y debieron hacerlo, olvidando egoísmos, dándole al amor esa trascendencia de respeto ideológico que Rivera merecía como luchador, como artesano genial, como hombre altruista y generosísimo.

Diego Rivera se marginó de las reglas estructuradas por la sociedad en la que le tocó vivir. Para él —como para Federico García Lorca— la vida no era «noble ni buena ni sagrada», tan sólo era hermosa, y el epílogo acorde a esta sentimentalidad panteísta debió ser el fuego, ese fuego que había carbonizado los huesos de Frida, otorgándoles una brillante y aguda belleza que Diego trató de aprisionar en un dibujo. En el crematorio del Cementerio Civil de Dolores, con desconcertante ternura, teniendo junto a él al general Lázaro Cárdenas, Rivera sacó una libreta de apuntes, de las varias que cargaba habitualmente en sus bolsas, y fijó la aparición deslumbradora del esqueleto de Frida abrazado por las llamas.

Rivera había solicitado —verbalmente y por escrito a su hija Ruth— que a su muerte se le incinerara y sus cenizas se mezclaran con las de Frida en la vasija que él mismo había llevado al crematorio de Dolores, amorosamente envuelta en un paño rojo, el 14 de julio de 1954. Aquel día, ante numerosos testigos, mientras iban echando en el recipiente las cenizas de la que fuera su gran amiga, su gran amor, su gran pesadilla, su gran angustia, su gran fiesta, dijo: «No tardaré mucho en unirme a Frida; desde hace tiempo guardo esta vasija que contendrá nuestras cenizas».

Esa olla de barro, antigua y pesada, estuvo en Coyoacán sobre la cama en la que Frida vivió, pintó y murió. La responsable del Museo Frida Kahlo, Dolores Olmedo, la mandó retirar porque —decía— asustaba a los turistas estadounidenses. La cama está en lo que por muchos años fue un recibidor y donde Frida, después de la amputación, pidió que la pusieran para poder contemplar el jardín creado por Rivera, donde el salto de agua de la fuente ponía algún ruido, alguna música, algún movimiento a la agobiante quietud. Allí debió estar Diego para siempre junto a Frida, entre los perros pelones, los retablos, las bolas de vidrio, los jades, las muertes vestidas de tehuanas o de obreros, entre canastas y cajones repletos de dibujos y proyectos suyos. Juntas las cenizas de Diego y Frida hubieran vigilado esa casona para que nunca se convirtiera en un recinto melancólico, y fuera siempre un museo vivo, tan vivo como un museo puede ser. Entonces una frase del *Diario* hubiera alcanzado un significado pleno y definitivo: «Mi Diego, ya no estoy sola, tú me acompañas, tú me duermes y me avivas».

DESPUÉS DE LA MUERTE

EXPOSICIÓN CONMEMORATIVA

Difícil hubiera sido anticipar que podrían reunirse en un misma salón obras de Remedios Varo y Machila Armida, de Celia Calderón y Lucinda Urrusti, de Olga Costa y Alice Rahon, de Andréa Gómez, Leonora Carrington y Fanny Rabel. Pero el viernes 13 de julio de 1956 todas ellas y muchas otras, hasta sumar cuarenta pintoras, escultoras, grabadoras y fotógrafas, se reunieron en la galería de Lola Álvarez Bravo en la calle de Amberes 12, para rendir un homenaje a la artista mayor que había dado México: Frida Kahlo. El acto inaugural tuvo algo de fiesta triste. Era festejo porque no se podía evocar a Frida sin festejarla, y había tristeza porque los allí reunidos —escritores, actores, bailarines, científicos, pintores— eran en su mayoría amigos que la habían amado y admirado.

En una sala especial fueron colocados cuatro cuadros de Frida que no habían figurado en su única muestra individual en México, realizada también ahí, en la galería de Lola Álvarez Bravo. Para situarlos en el ambiente habitual de su autora, los cuadros fueron rodeados de judas, calaveras, ídolos, retablos, papeles recortados. En medio del conjunto destacaba una *Quebrada de Acapulco*, ensueño arqueológico que Rivera había pintado en la casa acapulqueña de Dolores Olmedo el 7 de julio, cuando Frida hubiera cumplido 49 años de edad.

Ese 13 de julio de 1956 se habló de Frida. La doctora Paula Gómez Alonso se refirió a su fortaleza y capacidad de amar. Andrés Henestrosa leyó una descripción de la casa de Frida escrita por Carlos Pellicer, y después, muy emocionado, evocó la inauguración de la exhibición de la obra de Frida en 1953. El poeta venezolano Carlos Augusto León leyó un juicio crítico de Luis Cardoza y Aragón y, finalmente, la actriz Rosaura Revueltas leyó algunos párrafos del *Diario*, ese libro íntimo en el que Frida logró escribir en una forma intensamente parecida a sí misma. Libro que es espejo más que confesión. Frida no reveló en esas páginas secreto alguno; seguramente buscó reflejarse para fijar su imagen, inasible aun para ella misma.

Frida hubiera podido, como Franz Kafka, lamentarse en el *Diario*: «Francamente desesperada por mi cuerpo y por el porvenir que me espera con este cuerpo».

Pero prefirió, con su peculiar densidad espiritual, plantear interrogantes y afirmaciones no concluyentes.

¿Qué haría yo sin lo absurdo y lo fugaz? (Entiendo ya hace muchos años la dialéctica materialista.)

Los cambios y la lucha nos desconciertan, nos aterran por constantes y por ciertos.

La angustia y el color —el placer y la muerte— no son más que un proceso para existir. La lucha revolucionaria, en este proceso, es una puerta abierta a la inteligencia.

Como suele ocurrir en los homenajes, se hicieron promesas que nunca se cumplieron:

a) Se solicitó a las artistas que presentaran proyectos para levantar un monumento a Frida en la casa de Coyoacán. Ese monumento nunca llego a realizarse.

b) El grupo organizador —integrado por artistas, amigas y representantes de la Unión Democrática de Mujeres Mexicanas— se comprometió a realizar anualmente para esas mismas fechas, un salón dedicado a la pintura femenina, tanto de mexicanas nativas como de extranjeras residentes en México. En cada exposición se seleccionaría una obra que habría de conservarse en el Museo Frida Kahlo. Ni los salones de homenaje se llevaron al cabo, ni la sala de las pintoras se ha concretado en el Museo Frida Kahlo.

Cuando todos se habían retirado de la galería de Lola Álvarez Bravo, le pregunté a Machila Armida qué significado le otorgaba a los objetos que simbólicamente había encerrado en una caja de cristal con desplante neodadaísta. María Cecilia Armida Baz explicó: «Son las cenizas de Frida, son los pájaros que vienen a ver y están llorando, es su corazón siempre vivo; de las venas se desprende un niño y ella al fin se convierte en una estrella».

UNA PELÍCULA

En noviembre de 1984 se proyectó por primera vez la película *Frida*, dirigida por Paul Leduc y producida por Manuel Barbachano Ponce, con guión del propio Leduc y José Joaquín Blanco. Se habían cometido inexactitudes históricas, aunque en principio hay que aceptar que una obra artística (novela, poema, cuento, drama, narrativa visual, cine, ópera) no tiene por qué ser fiel a la historia concreta, pues el autor puede tomar a ésta como una materia prima para elaborar con ella un producto con significación propia, o sintetizar esa historia en una interpretación muy particular de personajes y circunstancias. Pero en el caso de *Frida* las alteraciones de los hechos achicaban en demasía a la pintora, tanto en lo personal como en lo familiar y los político y, sobre todo, como inventora de imágenes.

No sé cuánto tiempo habrá pasado Tarkovski pensando su notabilísimo trabajo sobre el monje pintor de iconos Andrei Rublev, pero evidentemente obtuvo uno de los mejores discursos cinematográficos en torno a la pintura y a quien la inventará tras de ser herido en sus fibras más sensibles por las tormentas humanas de su momento. La pintura es forma y color en una superficie contenida en un espacio. Con angustia, con exaltación, arrostrando presiones, rechazos, desentendimientos y todo tipo de adversidades, el artista elabora los signos capaces de expresar tal o cual asunto, dentro del lenguaje específico de lo pictórico.

Se podía suponer que Paul Leduc había querido en cierta medida seguir a Tarkovski al reducir los diálogos y monólogos al mínimo, sólo que en *Frida* la economía verbal, por arbitraria y formalista, en vez de hacer de las pocas palabras chispazos que alumbran las secuencias y les dan continuidad, hacía que el conjunto fílmico se viera como un pegado de fotos fijas, con uso excesivo de espejos, absurda distribución de pinturas, ya sea en el estudio o en el taller de marcos. Nunca pudo tener Frida Kahlo en su casa un amontonamiento de cuadros porque, cuando pintaba, o ya se los habían encargado, o los vendía poco después de haberlos concluido. Pero además, nunca los hubiera puesto frente a sí como tiliches de bazar. Su vocación era lo suficientemente definida y profunda como para sentir autorrespeto por su trabajo. ¿No les habría tocado a Leduc y Ángel Goded (director de fotografía) constatar cómo los artistas individualizan los objetos por ellos creados y al reverlos particularizan su percepción y su manipulación?

Erróneo fue el tratamiento de la figura del padre, fotógrafo profesional de gran calidad en la captación de arquitecturas virreinales, labor esforzada para quien padecía epilepsia y a veces necesitó la compañía de la pequeña Frida o de algún otro ser para evitar peligro en el desempeño de sus quehaceres. El filme lo mostraba como a un padre consentidor y juguetón que tiraba fotos para el álbum familiar. Frida, con enorme cariño por su bondad y comprensión, lo recordaba lacónico y poco efusivo. Por cierto que la chiquita que interpretó a Frida niña y adolescente no sólo dio el parecido físico sino una interioridad que no llegó a atrapar Ofelia Medina al encarnar a la mujer tullida, presa de incurables dolores tras el brutal accidente ocurrido cuando contaba dieciocho años de edad.

Error fue mostrar a Frida llegando en silla de ruedas a la Secretaría de Educación Pública para entregarle a Diego, que está en un andamio, una canasta con alimentos. A casi tres años del accidente, Frida llegó a los patios de la SEP en sus dos pies (pues entonces no salía a la calle en silla de ruedas) no para traerle comida, sino para preguntarle al famoso maestro que acababa de regresar de una estancia de muchos meses en la Unión Soviética, si él consideraría, tras de ver unas pinturas que ella llevaba consigo, si podría vivir con el producto de sus cuadros. Rivera, 22 años mayor que ella, se enamoró y un año después, ya concluidos los murales, se casaron, y quizás entonces Frida cocinó algo para el consumo de ambos.

Imperdonable fue mostrar a los miembros de la Liga de Escritores y Artistas Revolucionarios (LEAR) como unos danzoneros que a la hora de los tragos se reventaban entonando La Internacional. Debido al rápido avance del nazifascismo, en la LEAR se habían reunido los más destacados escritores, artistas plásticos, músicos, fotógrafos, arquitectos, pedagogos, sociólogos, teatristas y cineastas del continente, incluidos los de Estados Unidos. No fue organismo de masas, pero sí popular por su estrecha relación con sindicatos y universidades. Si algunos de sus miembros sabían empinar el codo, eso no alteraba el carácter fundamental de la organización, que extendió sus actividades desde la Ciudad de México a Guadalajara, Morelia y otras ciudades del país por medio de conferencias, exposiciones, producción de obra mural, conciertos y congresos de muy alta significación, en los que Frida no participó pues como esposa de Rivera no se acercaba a las actividades criticadas por los trotskistas, a quienes tampoco se hubiera admitido. Rivera era entonces un muy activo militante de la Cuarta Internacional.

Por similares razones resultaba grotesco observar a David Alfaro Siqueiros en el jardín de la casa de Coyoacán, dándoles a Frida y Diego, de manera amistosa, una relación de pormenores sobre la caída de la República Española y el triunfo de Francisco Franco. En todo caso Leduc hubiera podido, con audacia e ingenio, haber ofrecido su propia interpretación al uso hecho por Siqueiros y sus compañeros de la inconfundible camioneta de Rivera para asaltar la casa de Trotsky en las calles de Viena, en Coyoacán; haber mostrado la detención de Frida y de su hermana Cristina inmediatamente después del asalto y el interrogatorio a que fueron sometidas, mientras Diego, ya divorciado preventivamente, se acogía a la ayuda de Paulette Goddard, provocando tremendo enojo en Charles Chaplin, entonces esposo de la actriz. La confusión llegaba al colmo cuando Rivera aparecía autoexpulsándose del PC en respuesta a la violencia contra Trotsky.

Erróneo resultaba traducir a silencio y soledad una acción que fue pública, multitudinaria y vibrante: la colocación de la bandera del PCM sobre el féretro de Frida en el Palacio de Bellas Artes, lo cual no sólo dividió a la opinión pública sino a personalidades del sistema. ¡Cómo olvidar la larga guardia hecha por el general Lázaro Cárdenas junto a la caja cubierta con esa bandera!, guardia que continuó en el Panteón Civil de Dolores durante las dos horas y media que tardó el cuerpo de Frida en convertirse en cenizas, tiempo que acortaron las canciones populares y revolucionarias entonadas por Concha Michel y muchos otros compañeros.

No fue para pedir una «libertad» en abstracto que Frida, en plena convalecencia de una bronconeumonía y aun traumada por la amputación de su pierna derecha, se unió en silla de ruedas a una gran manifestación por las calles de la ciudad. Esa manifestación, a la que Frida muy demacrada y descompuesta (no siempre estuvo adornada como para regalo ni siempre durmió con collares de oro) por ningún motivo quiso faltar, se realizó para protestar por la caída en Guatemala, provocada por el imperialismo estadounidense, del gobierno democrático de Jacobo Arbenz. Ella era entonces miembro del PCM y Rivera todavía no era readmitido a pesar de su terca insistencia.

Difícil género el de la biografía cinematográfica, y más difícil cuando el personaje es demasiado singular y complejo, y a ha vivido durante uno de los periodos más vibrantes dentro de un país inconfundible, abierto a los vientos del mundo.

¡Ay Trotsky, qué ridículo se veía recitando requiebros amorosos en francés en un bosque mexicano! Que le gustaba «retozar» no cabe duda; se lo había dicho con todas las letras a su puritana Natalia, quien supo perdonarle sus ligeras y por demás casuales infidelidades mexicanas, aunque nunca comprendió ni quiso aceptar el pan-erotismo de los Rivera-Kahlo, puesto en esquemático ridículo por Paul Leduc, sus intérpretes y colaboradores.

UNA BIOGRAFÍA

En su minuciosa biografía de Frida Kahlo la escritora estadounidense Hayden Herrera realizó un esforzado trabajo de reconstrucción. Parecería haberle servido de modelo la biografía sobre Diego Rivera de su compatriota Bertram D. Wolfe. Pero mientras éste tuvo a su favor un trato directo por muchos años con su biografiado, la autora de *Frida* entra al mundo de su personaje dos largas décadas después de su muerte.

Bertram D. Wolfe trabajó la primera versión de la biografía de Rivera durante el periodo en que ambos, muy asociados por aquel entonces, militaban en las filas de la Cuarta Internacional. Cuando la editorial Alfred A. Knopf en Estados Unidos y la Ryerson Press de Canadá lanzaron en 1939 la primera edición. Rivera ya se había distanciado de los trotskistas. Wolfe y Rivera se habían conocido a principios de los años veinte cuando ambos ocuparon cargos en la dirección del Partido Comunista Mexicano. En representación del PCM asistió Wolfe en 1924 al V Congreso del Comintern. Su intimidad con Diego y con Frida le permitió una indiscriminada consulta de los papeles de Rivera que Frida le ayudó a ordenar con esa finalidad. Cuando en 1963 Wolfe publicó *The Fabulous Life of Diego Rivera*, versión corregida y completada hasta la muerte del biografiado, ya se había jubilado como funcionario del gobierno de Estados Unidos.

Hayden Herrera no llegó hasta Frida por los caminos partidarios. Su trabajo fue realizado como tesis para obtener el doctorado en Historia del Arte. Enorme esfuerzo debe haber desarrollado para internarse, sin experiencia política alguna, desde fuera y en frío, en el complejo laberinto de la izquierda mexicana entre 1928 y 1954. Dentro de ese laberinto, aunque no en función de él, se desarrolló la vida y la obra de la excepcional y muy individual artista que Herrera estudió de manera cronológica, lineal, transcribiendo muchas veces con excesiva credulidad cuanto le contaron amigos, familiares, amantes, periodistas, enfermeras, médicos, sirvientes, discípulos y otros testigos. ¿Será cierto cuanto recordaba Alejandro Gómez Arias, el novio de la adolescencia? Motivos hay para ponerlo en duda. Las grandes catástrofes ponen dramáticamente al desnudo la disponibilidad monetaria de los afectados. Tras el accidente sufrido por Frida y Gómez Arias el 17 de septiembre de 1925, del que salió ileso él y ella quebrantada definitivamente, Frida se enfrenta a las limitaciones económicas de una familia venida a menos debido al ocaso del porfiriato, mientras que la buena situación de la familia de él le permitió al buen partido (cuya nariz de entonces Herrera califica de «aristocrática») alejarse de un compromiso que se vislumbraba problemático. Sólo un complejo retrospectivo de culpa no exento de cierta mojigatería muy propia de las personas decentes, debe haber inducido a Gómez Arias a trazar para el oído de la biógrafa una Frida adolescente de una precocidad y bisexualidad del todo infrecuente; cuando hacia los 17 años de edad buscaba trabajo, fue seducida por una empleada de la Secretaría de Educación Pública, y poco después tuvo una breve aventura con su maestro de grabado, el amigo de su padre y conocido impresor Fernando Fernández. Considerando los insistentes reclamos de amor expresados en las cartas a Gómez Arias, resulta más convincente la versión de la propia Frida; fue en el accidente, al ser atravesada por un tubo metálico del camión en el que viajaban, cuando perdió, entre muchas otras cosas, la virginidad. Fue entonces cuando su cuerpo se volvió otro y no a causa de una fugaz intimidad con el amado adolescente mojigato y difamador. Por demás esclarecedora resulta a este respecto una carta escrita el 19 de diciembre de 1925.

Explica Herrera que por haber sido hija de la década revolucionaria (Frida) decidió que ella y el México moderno «habían nacido juntos». No fue un exceso de fervor patriótico-revolucionario el motivo para que ella alterara su edad. Fue una necesidad de prolongar la infancia lo que la llevó tempranamente a cambiar su fecha de nacimiento de 1907 a 1910, Para que la alteración resultara del todo convincente, Frida hizo que su hermana Cristina, once meses menor, también se quitara tres años. Así quedo establecido, hasta que en 1981 Isabel Campos, la amiga de la infancia, nos sacó a todos del error.

Al arriesgarse por terrenos que no le eran familiares y por utilizar como instrumento de análisis social una concepción liberal burguesa, Herrera cometió algunos errores. El incorruptible hombre público que fue Narcizo Bassols, a quien el Estado mexicano le debe una teoría y una práctica antifascista de alcance internacional, fue enlistado entre los literatos. Tina Modotti, considerada por Herrera como «bella, borrascosa y sensible», no fue, según la escritora, mujer de convicciones propias, pues «se involucró cada vez más en la política comunista, en gran parte por sus aventuras sucesivas con el pintor

Xavier Guerrero y Mella». La más superficial indagación prueba que la comprometida militancia antifascista de Tina Modotti no estuvo sujeta a los avatares de la recámara. Fue el largo y amañado juicio contra Sacco y Vanzetti, los obreros italianos inmigrantes sacrificados al fin en la silla eléctrica, el motivo cierto de su radicalización. Fue su entereza revolucionaria y no sus pasiones personales lo que provocó su expulsión de México por el gobierno represor de Emilio Portes Gil. Si bien su belleza y su temperamento despertaron múltiples simpatías y encontrados sentimientos, el medio cultural de México la admiró por su gran capacidad profesional. Basta releer las cartas de José Clemente Orozco a Jean Charlot para constatarlo. En ese medio cultural nunca circuló la moralina tradicionalista como moneda de uso. Eran los políticos quienes la tenían como elemento de reserva para amenazar, atacar y aun destruir.

Su enfoque puritano, reñido con cualquier apreciación de auténtico sentido feminista, lleva a Herrera a juzgar con severidad las libres relaciones amatorias de las mujeres, no así las de los hombres. Relató de manera chismosa los amoríos de Tina y Frida, y en su chismografía quedó incluida la escultora Louise Nevelson: «Se dedicaba apasionadamente al arte y a los hombres». Por el contrario, el escultor Isamu Noguchi fue descrito como un irresistible Don Juan que desempeñó el papel de «intrépido» enamorado de Frida en 1935, y el de amante castigador junto a Dorothy Hale: «Era una mujer muy hermosa. Todas mis chicas lo han sido», presumió el célebre artista. En 1939 Frida pinta el suicidio de Dorothy Hale, ocurrido el 21 de octubre de 1938.

Grotesca fue la equivocación con respecto a la militancia de Rivera en 1928. A principios de ese año el pintor se encontraba en la Unión Soviética de donde —escribe la biógrafa— fue llamado por el PCM «para trabajar en la campaña presidencial de Vasconcelos». Ninguno de los organismos en los que participó Rivera tras su regreso apoyó la candidatura de Vasconcelos: ni la Liga Antiimperialista de las Américas, ni el Bloque Obrero y Campesino, cuyo comité directivo presidió desde el 24 de enero de 1929. El BOyC defendió la candidatura de Pedro V. Rodríguez Triana para la presidencia de la República, en oposición a la de Pascual Ortiz Rubio. En la lista de precandidatos había figurado el nombre del propio Rivera. El 6 de julio de 1929 Rivera firmó una protesta con sus compañeros del BOyC para denunciar que mientras el gobierno obstaculizaba e intentaba suprimir la campaña del candidato de los trabajadores, los candidatos de la burguesía reaccionaria, Vasconcelos y Ortiz Rubio, gozaban de libertad y garantías.

Herrera citó textualmente y dio por buenos dos reportajes de Bambi, la periodista Cecilia Treviño («Frida Kahlo es una mitad» y «Frida dice lo que sabe», *Excélsior*, junio 13 y junio 15 de 1954, respectivamente) plagados de errores, que la historiadora no corrigió sino incrementó. Siqueiros no estaba preso en 1929, ni Blanca Luz Brum (no Bloom) era su esposa. Siqueiros estaba casado desde hacía una década con Graciela Amador cuando en 1929 regresó de Sudamérica en compañía de la escritora uruguaya. Sin centavos y hostilizado por los celos de Graciela, Siqueiros buscó techo en casa de amigos. Quizás pasó unos días con Frida y Diego, pero en verdad quien le dio refugio a él, a Blanca Luz y al hijo de ésta fue el escultor Ignacio Asúnsolo, en cuyo taller se instalaron. Ahí vivían cuando Siqueiros fue aprehendido durante la manifestación del primero de mayo de 1930.

En una historia documental, como lo es esa biografía, resulta excesivamente desprólijo, con motivo del asalto perpetrado el 24 de mayo de 1940 por un grupo encabezado por Siqueiros a la casa de Trotsky, transcribir sin comentario las siguientes palabras que, según la crónica de Bambi, pronunció Frida: «Metieron a Siqueiros a la cárcel, pero Cárdenas era su cuate».

Conocida es y publicada está la antipatía de Orozco por Rivera, exacerbada por el muy divulgado arribo a mediados de noviembre de 1930 de Rivera a Estados Unidos, donde Orozco se hallaba desde 1927. En 1930 Orozco había pintado *Prometeo* en Claremont, pasó unas semanas en San Francisco y el 30 de septiembre regresó a Nueva York. Cuando Orozco ya se había ido, Rivera llegó a San Francisco, donde permaneció más de un año y de ahí pasó a Nueva York y a Detroit. Refiriéndose a la salida de Frida y Diego, Herrera decía: «El tiempo era propicio para irse y lo hizo, reuniéndose con Orozco en Estados Unidos».

Grandes confusiones se dan también en el relato de la controversia pública entre Rivera y Siqueiros en 1935, cuando ambos sustentaron conferencias dentro del programa paralelo al Congreso Pedagógico organizado por la Asociación de Educación Progresista de Estados Unidos, bajo el patrocinio de la Secretaría de Educación Pública durante el gobierno de Lázaro Cárdenas. El INBA se fundó a principios del gobierno de Miguel Alemán; pero Herrera señalaba: «El presidente del

Congreso, quien en ese entonces también encabezaba el Instituto Nacional de Bellas Artes».

Hay en el libro varias perlas de tamaño mayor. Herrera se refiere a Francisco Villa como «el héroe de los bandidos revolucionarios», y con macartiana ligereza enlistó como comunistas al pintor Miguel Covarrubias y a la historiadora Eulalia Guzmán. Sectaria también fue su descripción del mural transportable de Rivera: *Pesadilla de guerra, sueño de paz*. La escritora sólo vio el retrato de Stalin y no el de Mao, tampoco los del Tío Sam y John Bull, a quienes el soviético y el chino ofrecen un pacto de paz para evitar otra guerra de Corea, otro bombardeo atómico; la paz permitirá acabar con el racismo, la miseria y todo tipo de marginación. La ignorancia política hizo a Herrera fallar en lo que es uno de los mejores aspectos de su trabajo: la equivalencia verbal de lo visual. Frida no es «la heroína» en esa pintura de Rivera, sino un recolector más de firmas en pro de la paz, junto al general Heriberto Jara, el poeta Efraín Huerta y muchos más.

Un historiador profesional, sea cual fuere su ideología, no puede hacer uso impreciso o equívoco de los términos. No es lo mismo una manifestación democrática que una manifestación comunista. Para Hayden Herrera la gran manifestación del 2 de julio de 1954, a la que concurrieron personas de muy variada filiación para protestar por el golpe contra el gobierno progresista de Jacobo Arbenz en Guatemala, fue una «manifestación comunista».

Curioso resulta que en su paciente investigación, de varios años, se le haya escapado a Herrera la figura de Emma Hurtado. La menciona ocasionalmente y no con el rango que verdaderamente tuvo en el clan riveriano durante la última década de la vida de Frida. Fue con ella con quien Rivera estableció un hogar paralelo en todos los órdenes. Fue su *dealer*, su administradora, su chofer, su cocinera, su asistente y, también, su mujer. Al casarse con ella meses después de la muerte de Frida, Rivera no hizo otra cosa que legalizar una situación establecida desde 1946.

Lo más sobresaliente en el libro de Hayden Herrera fue la publicación de gran cantidad de cartas, nunca divulgadas con anterioridad, escritas por Frida a médicos, amigos, familiares, amantes, funcionarios. Con lenguaje muy personal (desparpajado, gracioso, populachero, imaginativo, enérgico y emotivo) Frida descubrió sin inhibiciones, con asombrosa sinceridad, todos los recovecos de su fuerte e hipersensible personalidad, poniendo como en sus cuadros el corazón al desnudo. Las cartas al doctor Leo Eloesser son verdaderas joyas. Conjuntar esas cartas en una antología lo más completa posible, habría de constituir un testimonio monumental de una vida abierta a diversos tipos de relaciones humanas y amatorias.

En el prólogo, la biógrafa opinó que Frida hacía alarde de su alegría del mismo modo como un pavo real extiende su cola, pero sólo para disimular una profunda tristeza, ensimismamiento e incluso obsesión consigo misma. No, no era alarde. Frida conoció la alegría y fue alegre a pesar del inmenso drama que vivió después del accidente por el resto de sus días. Lo dijeron las chicanas citadas por la biógrafa: «Sus obras no manifiestan lástima de sí misma, sino fuerza».

Frida no desafió la moral convencional como se afirma en el libro; con plena sinceridad y autenticidad se aposentó en otra dimensión ética, tanto para su vida como para su arte. Para probarlo basta citar algo que le escribió a Eloesser el 15 de marzo de 1941: «Francamente yo ya no tengo ni la más remota ambición de ser nadie, me vienen guango los *humos* y no me interesa en ningún sentido ser la *gran caca*».

El largo estudio de Herrera, dividido en seis partes y 25 capítulos, está salpicado de certeras apreciaciones en lo estético y lo psicológico. Se valen unos cuantos ejemplos:

a) Como un San Sebastián Mexicano, utiliza el dolor físico, la desnudez y la sexualidad para comunicar el mensaje de su sufrimiento espiritual.

b) Frida sabía demasiado bien que la trillada expresión «corazón roto» se basa en una sensación física real, cierto dolor o impresión de fractura en el pecho, como si una espada girara y revolviera una herida que se agranda sin cesar.

c) En muchos cuadros surge, como una especie de ambiente, una sensualidad tan intensa que no la afectan las polaridades sexuales convencionales; una ansia de intimidad tan urgente que pasa por alto los géneros.

d) En la mayoría de sus autorretratos, Frida amplía su sufrimiento personal al darle un significado cristiano. Se representa como mártir; las espinas le causan heridas sangrientas. A pesar de que rechazó la religión, las imágenes cristianas, particularmente el martirio teatral y sanguinolento, común en el arte de México, impregnan la obra de Frida.

Muy discutible es la repetida argumentación de la biógrafa respecto a que Frida chantajeaba a Diego con sus padecimientos y de que por narcisismo se sometió a inútiles operaciones. En todo caso habría que analizar lo acertado o no de los tratamientos y frecuentes operaciones a los que fue sometida, la capacidad y responsabilidad profesional de los médicos que la atendieron. No fue Frida quien hundió casi treinta veces el bisturí en un cuerpo brutalmente lacerado. Como novelería negra pasa; como análisis histórico objetivo resulta por demás inconsistente.

La descripción de la muerte y los funerales de Frida es melodramática, no exenta de errores y tintes macartistas. Para aumentar lo macabro encomilla un falso cuan absurdo «recuerdo» de Adelina Zendejas: «Todos estaban colgados de las manos de Frida cuando la carretilla empezó a jalar el cadáver hacia la entrada del horno. Se echaron encima de ella y le arrancaron los anillos, porque querían tener algo que había sido de ella». Nadie jaló nada; la consternación y la general pesadumbre lo hubiera impedido. Tampoco es cierto que Diego «hundió las uñas en las palmas de las manos, una y otra vez, hasta que sangraron». Su dolor era demasiado real, demasiado consciente, como para necesitar el agregado de cualquier flagelación. Sí es cierto que en diversos momentos, antes, durante y después de la cremación, sacó de su bolsillo una libreta y se puso a dibujar, era su manera de entrar en contacto con lo circundante.

La traducción del inglés fue bastante irregular, como hecha por una persona no muy familiarizada con las cosas mexicanas. Extraño resultó que se hubieran tomado el trabajo de traducir y, en consecuencia, alterar textos muy conocidos y muy accesibles en español.

UN CATÁLOGO RAZONADO

La Verlag Neue Kritik de Francfort fue seguramente la editorial europea que más se ocupó de Frida Kahlo durante casi una década. En 1980, en traducción de Helga Prignitz, editó mi monografía *Frida Kahlo, über ihr Leben und ihr Werk*. En 1982 se encargó de editar el catálogo para la exposición *Frida Kahlo und Tina Modotti* presentada en el centro cultural Haus am Waldsee de Berlín Occidental. El creciente interés en torno a la obra de Frida llevó a la directora de la editorial Dorothea Rein y a la investigadora Helga Prignitz a concebir un proyecto mayor: un libro que contuviera en extenso la totalidad de la producción de la pintora mexicana, convertida a esas alturas, sobre todo en Estados Unidos, en un mito fuera de control, como todos los mitos. A fines de 1988, tras varios años de trabajo, apareció *Frida Kahlo; das Gesamtwerk*, volumen de 312 páginas en un buen formato de 38.5×24.5 cm. Incluidas pinturas al óleo, al fresco, a la acuarela; dibujos, gráfica, objetos, el catálogo razonado llegó a las 282 fichas no exentas de errores. En la correspondiente a *La risa*, acuarela obsequiada en 1953 con la siguiente dedicatoria: «Para Elenita y Teresita con todo mi amor, Frida Kahlo (la lucas que tanto las quiere)», se decía que Teresa Proenza había sido «secretaria del ex presidente Lázaro Cárdenas», cuando este cargo lo desempeñó hasta la muerte del general la otra depositaria del obsequio, Elena Vázquez Gómez. Teresa Proenza fue la última y muy estimada secretaria de Diego, después de haberse desempeñado junto al general Heriberto Jara como secretaria ejecutiva en el Movimiento Mexicano por la Paz, Tras el triunfo de la revolución castrista Teresa Proenza fue, sucesivamente, diplomática, presa política y funcionaría en la «Biblioteca Nacional José Martí» de La Habana. En su larga y honesta vida de activista social siempre se consideró una leal patriota cubana.

A continuación del catálogo razonado, el libro contiene un pequeño capítulo de tres fichas dedicado a señalar algunas piezas falsas: dos autorretratos dibujados, sin firma uno, que está en el Museo Frida Kahlo en Coyoacán, realizado en un estilo académico muy diferente a los suyos, y el otro que, proveniente de Dolores Olmedo, llegó a una subasta de Sotheby's al través de la galerista Mary Anne Martín. Aquí Frida aparece bizca y trazada en general con dura torpeza, incluyendo la firma. La tercera ficha, motivo de múltiples discusiones, está dedicada a una pintura con un arreglo de flores, reloj y libro, con un listón en la base donde se lee: «Qué bonita es la vida, cuando nos da de sus riquezas». Esta pieza la vi por primera vez en una transparencia en la fototeca del Instituto de Investigaciones Estéticas de la UNAM y de inmediato exclamé: «¿Qué hace aquí esta falsa pintura?». La Galería Arvil ha sostenido su legitimidad. No sé si desde entonces la habrán sometido a un riguroso análisis para echar luces confiables respecto de ésta y otras obras atribuidas a artistas mexicanos contemporáneos, cuya autenticidad es puesta en duda con razones de peso, no de pesos.

En el catálogo de lo auténtico también se les fue una. Se trata del número 19, *Retrato de una dama en blanco*, que hace algunos años sacó al mercado Manuel Álvarez Bravo Martínez, argumentando que le había sido obsequiado a su célebre madre, Lola Álvarez Bravo. En entrevista telefónica sostenida el 5 de abril de 1989 con la conocida fotógrafa me dijo: «Nunca tuve ese cuadro en mi casa, nunca lo fotografié y por las fotografías que he visto yo también creo que no es de Frida».

Se trata de una pintura de buena mano, inconclusa, sin firma, con un trabajo de materia pictórica no utilizado por Frida, compuesto en ese estilo fotografista que por los años veinte emplearon pintores mexicanos como Rufino Tamayo o María Izquierdo. Tras un vagabundeo por varias galerías que no se atrevían a venderlo como un Kahlo, el cuadro fue adquirido por Salomón Grimberg, psiquiatra mexicano radicado en Dallas, Texas, quien ha convertido a Frida Kahlo en motivo de una idolatría apasionada y por lo mismo peligrosa. Helga Prignitz conoció a Grimberg durante el proceso de elaboración del catálogo razonado, lo invitó a participar en el proyecto y, de paso, le compró el retrato de esa dama pintada delante de un balcón muy parecido a los que utilizaba Tamayo con la herrería en arabescos.

Fue por la pintora Jósele Cesarman, tía de Grimberg, como Helga Prignitz supo de su documentado interés por Frida. Al ponerse en contacto con él descubrió que había integrado un amplio archivo fotográfico en torno a la persona y la obra de Frida y que, además, estaba en contacto con coleccionistas de su obra en Estados Unidos. Desde el momento en que fue invitado a integrarse al proyecto de las obras completas de la mexicana su entusiasmo por Frida se volvió obsesión y sus celos lo han llevado a proclamar la autoría de un trabajo que de todo a todo ha sido colectivo. Antes que a Salomón Grimberg, Helga Prignitz invitó a su compatriota Andrea Kettenmann para que se ocupara del seguimiento en México, y al fotógrafo Rafael Doniz para tomar a color todo el material posible. Asimismo propuso a Teresa del Conde, Fanny Rabel, Elena Poniatowska, Arturo García Bustos, Luis Mario Schneider, Juan Carlos Pereda y Raquel Tibol, que se ocuparan de describir un cuadro de su particular interés. Al incorporarse Grimberg al proyecto él también escribió algunos análisis iconográficos, y otro tanto hizo Lucienne Bloch, ayudante de Rivera en el Rockefeller Center y amiga de Frida.

Para ilustrar textos o para hacer algunas precisiones, el libro se enriqueció con fotografías de Berenice Kolko, Nickolas Muray, Bernard S. Silberstein, Guillermo Kahlo, Hermanos Mayo, Lucienne Bloch, Giséle Freund, Peter Juley, Lola Álvarez Bravo, Florence Arquin. Diego Rivera (una donde Frida está junto a Emmy Lou Packard), Juan Guzmán y otros. Cuatro eran los ensayos introductorios a cargo de Helga Prignitz (*Wissenschaft und Pflanzen, Liebe, Tod un Teufe*), Andrea Kettenmann (*Selbstdarstellungen im Spiegel mexikanischer Tradition*) y Salomón Grimberg (*Frida Kahlos Einsamkeit y Vier Einwohner der Stadt Mexico*).

Para celebrar la aparición del importante volumen, Grimberg pudo organizar para el Meadows Museum de la Southern Methodist University, en Dallas, una exposición de pinturas, dibujos y grabados de Frida, así como una sección con setenta y cinco fotografías tomadas a la artista y su entorno en diversos momentos de su existencia. Esta parte estuvo mucho mejor museografiada que la otra, donde sesenta y cuatro piezas se apretujaban y visualmente se desvalorizaban. Además de los cuadros de la colección Olmedo, en Dallas se exhibieron desde el 17 de febrero al 16 de abril de 1989, todos los Kahlos de la colección Gelman y piezas tan importantes como el retrato del doctor Leo Eloesser, *Mi nacimiento*, *Mi vestido cuelga ahí*, el retrato de Alberto Misrachi, el autorretrato dedicado a Trotsky, el autorretrato con pericos, el otro con perico y changos, *Pensando en la muerte*, *El venado herido*, el retrato de Lucha María, *Memoria*. En éste, como en *Las dos Fridas*, *Mi vestido cuelga ahí* y *Lo que vi en el agua*, las prendas de vestir se vuelven signos complejos de subjetividad.

En visitas guiadas y conferencias, Grimberg dio rienda suelta a su obsesiva pasión por Frida y a sus celos por Diego Rivera, convirtiendo la vida y obra de ambos en un melodrama con tintes absurdos. Entre sus guiados se contaron Madonna y Sean Connery, quienes se trasladaron especialmente de Los Angeles a Dallas para visitar el 2 de abril la exhibición de manera rigurosamente privada. Como había ocurrido con la gran exposición *Imagen de México*, la colonia mexicana en Dallas puso el hombro y los centavos para sacar adelante una muestra que los valorizaba frente al gabacho soberbio y discriminador.

ADVERTENCIA DE LAS FUENTES

Este libro se basa en los siguientes trabajos ya publicados de su autora:

«Conversaciones chilenas con el gran mejicano Diego Rivera», periódico *La Prensa*, Buenos Aires, Argentina, 24 de mayo de 1953.

«Frida Kahlo, artista de genio», periódico *La Prensa*, Buenos Aires, Argentina, 12 de julio de 1953.

«Frida Kahlo en la pintura y el amor de Diego Rivera», revista *Eva*, Santiago de Chile, 1953.

«Los zumbidos», periódico *El Occidental*, Guadalajara, Jalisco, México, 11 de octubre, 1953.

«Fragmentos para una vida de Frida Kahlo», suplemento «México en la Cultura», periódico *Novedades*, México, 7 de marzo de 1954.

«Arturo Estrada frente a sus críticos y a sus maestros», suplemento «México en la Cultura», periódico *Novedades*, México, 10 de julio de 1955.

«Carmen Caballero, fabricante de muerte», suplemento «México en la Cultura», periódico *Novedades*, México, 31 de julio de 1955.

«Frida Kahlo en el segundo aniversario de su muerte», suplemento «México en la Cultura», periódico *Novedades*, México, 15 de julio de 1956.

«Primer Salón Frida Kahlo», suplemento «México en la Cultura», periódico *Novedades*, México, 22 de julio de 1956.

«Tenía derecho a su muerte», revista *Paralelo*, México, diciembre de 1957.

«El Museo Frida Kahlo», suplemento «Diorama de la Cultura», periódico *Excélsior*, México, 5 de julio de 1959.

«El Museo Frida Kahlo en el quinto aniversario de su muerte», suplemento «Papel Literario», periódico *El Nacional*, Caracas, Venezuela, 16 de julio de 1959.

«Frida Kahlo, maestra de pintura», suplemento «Diorama de la Cultura», periódico *Excélsior*, México, 7 de agosto de 1960.

Arturo Estrada y sus caminos en el arte mexicano, Folleto del Instituto Nacional de la Juventud Mexicana, México, 1961.

«Murió Cristina Kahlo», revista *Política*, México, 15 de febrero de 1964.

«Época moderna y contemporánea», de la *Historia general del arte mexicano*, Editorial Hermes, 1964.

«Frida Kahlo en los Estados Unidos», revista *Política*, México, 1º de noviembre de 1965.

«Surrealismo histórico»; revista *Política*, México, 1º de enero de 1967.

«Cuando los judas no dan color», suplemento «Magazine Dominical», periódico *Excélsior*, 2 de marzo de 1969.

«Frida Kahlo en sus sesenta años: fantasía y realidad», revista *Calli* núm. 47, marzo-abril de 1970.

«¿Fue Frida Kahlo una pintora surrealista?», suplemento «La Cultura en México», revista *Siempre!* núm. 893, México, 5 de agosto de 1970.

«Frida Kahlo a veinte años de su muerte», suplemento «Diorama de la Cultura», periódico *Excélsior*, México, 14 de julio de 1974.

«Die Kulturpolitik der Cárdenas-Regierung: 1934-1940», artículo para el catálogo de la exposición *Kunst der Mexicanischen Revolution-Legente und Wirklichkeit*, organizada por la Neue Gesselschaft für bildende Kunst, Berlín Occidental, noviembre-diciembre, 1974.

«Revive el interés por Frida Kahlo», revista *Nonotza-IBM* núm. 12, octubre-noviembre-diciembre, 1977.

Frida Kahlo: crónica, testimonios y aproximaciones. Ediciones de Cultura Popular, México, 1977.

«Frida Kahlo y los veneros de su pintura». *La Semana de Bellas Artes* núm. 2, 13 de diciembre de 1977.

«Evolución del autorretrato», revista *Proceso* núm. 65, 30 de enero de 1978.

Frida Kahlo, Verlag Neue Kritik, Francfort, República Federal Alemana, 1980.

«La verdadera edad de Frida Kahlo», revista *Proceso*, 13 de julio de 1981.

«EL Moisés de Freud en versión de Frida Kahlo», revista *Proceso*, 30 de agosto de 1982.

«Una Frida con errores», revista *Proceso*, 19 de noviembre de 1984.

«La pintura surrealista en México», respuesta a la encuesta realizada por la revista *Artes de México*, invierno, 1984-1985.

«La biógrafa se espanta de una vida abierta», sección «Libros» del periódico *La Jornada*, 8 de noviembre de 1985.

«Lo que vi en el agua», artículo publicado en *Frida Kahlo: das Gesamtwerk*, Verlag Neue Kritik, Francfort, República Federal Alemana, 1988.

«Más de Frida Kahlo», revista *Proceso*, 1º de abril de 1989.

«Pros y contras en el centenario de André Breton», revista *Proceso*, 22 de enero de 1996.

«Primeros cruces de caminos entre Diego Rivera y Frida Kahlo», artículo publicado en el catálogo de la exposición *Diego Rivera-Frida Kahlo*. Fundation Pierre Gianadda, Martigny, Suiza, 24 de enero-1º de junio de 1998.

«Factores surrealistas en el arte de María Izquierdo y Frida Kahlo», artículo publicado en el catálogo de la exposición *Women surrealist in Mexico*, exposición itinerante por cuatro museos de Japón: The Bukamura Museum of Art, Tokyo; Suntory Museum, Osaka; Nagoya City Art Museum; The Museum of Art, Kochi, entre el 19 de julio de 2003 y el 22 de febrero de 2004.

ÍNDICE

Esta obra se terminó de imprimir
en el mes de noviembre del 2005
en los talleres de Litográfica Ingramex, S.A. de C.V.
Centeno 162-1, Col. Granjas Esmeralda
México, D.F. 09810

Certificado No. 02-2082